日本書紀「神代」の真実

邪馬台国からヤマト王権への系譜

伊藤雅文

ワニブックス
|PLUS|新書

はじめに

「天照大神《あまてらすおおみかみ》の天岩屋戸《あまのいわやど》隠れ」「素戔鳴尊《すさのおのみこと》の八岐大蛇《やまたのおろち》退治」「出雲の国譲り」「天孫降臨《てんそんこうりん》」「海幸山幸《うみさちやまさち》」――。きっと多くの方が耳にしたことがあるだろう。日本神話のタイトルである。

『日本書紀』は、神武天皇《じんむてんのう》が初代天皇として即位される前の日本についても書き記している。天地開闢《てんちかんびゃく》以来のさまざまな出来事であり、いろいろな個性（神性）を持った多くの神々が登場する。

これらの神話はすべて創作であるとされてきた。だが、本当にすべてが架空の物語なのだろうか。

約一三〇〇年前に『日本書紀』を編纂《へんさん》した人たちは、日本各地・各氏族から集めた記録や伝承を全三〇巻にまとめあげた。その第一巻「神代《かみよ》　上」と第二巻「神代　下」を費やして、夢物語を脈絡なく書き連ねたのだろうか。

筆者も『日本書紀』と真剣に向き合う前は、創作でよいと思っていた。しかし、読めば読むほどに、それは間違いであることに気がついていった。彼らのなかではすべてが有機的につながり、史実に基づいた物語が展開していたはずだと思えるようになったのである。

神代の物語にも何か下敷きとなる出来事がきっとあった。そうでなければ、これほど具体的で生き生きとした物語を紡ぐことはできない。

『日本書紀』は、神武天皇の即位を紀元前六六〇年と設定する。実際に神代がそれ以前の、日本の歴史区分でいうと縄文時代であったなら、架空の話というのも納得できる。しかし、『日本書紀』が実際よりも大幅に年代を古くしているというのはいまや常識である。

筆者が考えるように、初代天皇の即位が西暦三〇一年であるとしたら、その前の数世代にわたって具体的な記録・伝承が残っていたとしても何ら不思議ではない。編纂者たちはそれをもとに神代の堅牢《けんろう》な骨組みを構築し、そのうえに生き生きとした神話の世界を描いていったのではないだろうか。

本書の執筆にあたり、その神代の堅牢な骨組みこそが『日本書紀』神代の系譜ではないかと、筆者は考えた。

系譜であれば、後世の人々に改変されにくい。読み継がれていく物語のなかで、結婚相手や親子関係を容易に改変することはむずかしいからである。

また、系譜を論拠とするのは、いつも合理的な論考でありたいという筆者の願いとも合致した。根本的な部分に主観の入り込む余地が少なくなるからである。

『日本書紀』が編纂されたのは、七世紀末から八世紀初頭という権謀術数《けんぼうじゅつすう》渦巻く政治状況のなかである。編纂者たちは命の危険まで感じたであろう圧力を受けながらも、その真実の系譜を復元する鍵を神代の本文に書き散りばめたのである。

本書ではその神代の真実の系譜を復元し、初代天皇の即位＝ヤマト王権の誕生以前の日本で何が起きていたのかを解き明かしていきたい。

そして、邪馬台国《やまたいこく》とヤマト王権はつながっているのか、否か。

筆者の歴史研究最大のテーマにも答えを出したいと考えている。

※「天皇」表記について

「天皇」という言葉が使用されるようになったのは、おおむね天武天皇《てんむてんのう》（在位六七三年～六八六年）の頃だろうと考えられている。それ以前の古代社会では「大王《おおきみ》」が用いられていた。だから、本書で扱う初代天皇以降の時代は厳密にいうと「天皇」の時代ではない。しかし、天皇の系譜を用いた考証を行う便宜上、本書名ではとくに注釈を加えることなく「天皇」表記を用いることとする。

※基本的に本書でいう「原文」は、坂本太郎ほか校注『日本書紀（一）』岩波文庫による。

第二章　事代主神に託された神代解明の鍵……85

第五章　その後の事代主神

序章　ヤマト王権の誕生

ヤマト王権はいつ始まったのか？

現代日本の源流を探し求めて時間をさかのぼっていくと、「どこ」にたどり着くだろう。

現在のところ、ほぼ確実な到達点は、奈良盆地南東部ということになるだろうか。

その地には、『日本書紀』によれば、神武天皇《じんむてんのう》が東征を成し遂げ、初代天皇として即位された現在の奈良県橿原市《かしはらし》がある。また、考古学的に古墳時代のはじまりの地と確定されつつある奈良県桜井市がある。すなわち、現代日本につながる「ヤマト王権」が誕生したのがここ、奈良盆地の南東部なのである。

では、それは一体「いつ」のことなのか。

その結論はまだ出ていないといってよいだろう。「王権」の定義については多くの問題を含んでいると思うが、初代天皇の即位というういわゆるヤマト王権のはじまりについては、紀元前という説から四世紀という説まで乱立しているのが現状である。極端な説では六世紀の継体天皇《けいたいてんのう》朝にまでくだるという見解まである。

筆者は前著『ヤマト王権のはじまり』（扶桑社新書）において、『日本書紀』紀年論への新しいアプローチ法（三二頁参照）を用いて、ヤマト王権が誕生した年の解明に挑んだ。

『日本書紀』の事績（出来事）が記されていない年を削除して歴年代を求めた結果は、「初代天皇の即位は三〇一年」というものであった。つまり、ヤマト王権は三〇一年に誕生したという結論に至ったのである。

初代天皇は誰か？

ここではあえて「初代天皇」という表記にした。

それは筆者が、『日本書紀』に登場する「彦火火出見尊《ひこほほでみのみこと》（山幸彦）」「神武天皇」「崇神《すじん》天皇《てんのう》」の三者を同一人物だと考えているからである。

その根拠は、『日本書紀』の記述においてこの三者に多くの共通点が見られることである。ただし、三者すべてに共通するものではなく、そのうちの二者に共通するものばかりなのである。彦火火出見尊＝神武天皇、神武天皇＝崇神天皇、崇神天皇＝彦火火出見尊という共通点から、彦火火出見尊＝神武天皇＝崇神天皇という答えを導き出させようという、じつに暗示的な手法が用いられている。

そこに編纂者のどのような意図があるのか。公にできなかった理由とは何か。それを一三〇〇年後のいま解明するのはむずかしいが、明らかに偶然の枠を超えた一致が見られる。

その共通点は前著で詳細に検討したが、要約を以下に再掲する。

●彦火火出見尊と神武天皇の共通点

（一）諱《いみな》

諱とは生前の本名のことである。『日本書紀』は、神武天皇即位前紀冒頭に「神日本磐余彦天皇　諱彦火火出見」と記す。神日本磐余彦天皇《かむやまといわれひこのすめらみこと》は神武天皇の和風諡号《わふうしごう》であるが、その諱は彦火火出見であるという。彦火火出見尊とまったく同じである。

（二）塩土老翁《しおつつのおじ》との運命的な出会い

図表1　彦火火出見尊と神武天皇の系図

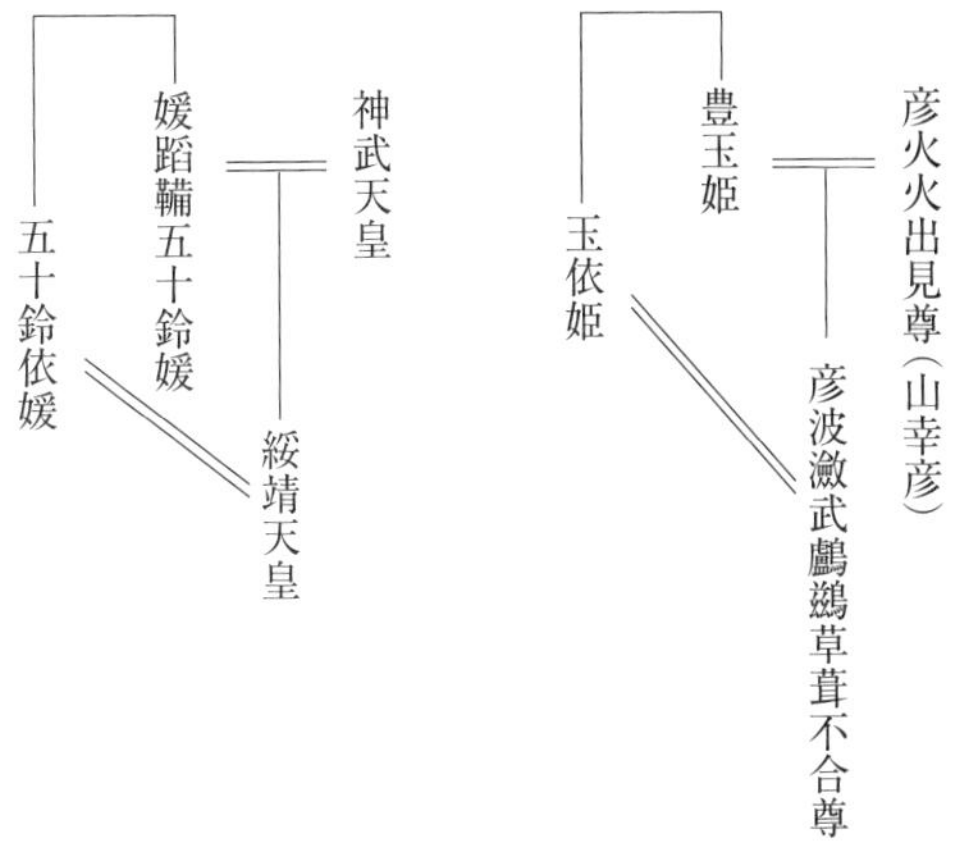

両者とも塩土老翁という謎の人物と運命的に出会う。

彦火火出見尊（山幸彦）は兄である海幸彦の釣針を失くして途方に暮れているときに、塩土老翁の助けにより海神《わたつみ》の宮へ行き、失くした釣針を見つけることができる。

一方、神武天皇は塩土老翁から「東の方に天下を治めるのに適した土地がある」と聞き、それが神武東征のきっかけとなる。

（三）　系図

両者の系図において、本人、妻、子、

妻の妹の婚姻関係が一致する（図表1）。

彦火火出見尊の子である彦波瀲武鸕鶿草葺不合尊《ひこなぎさたけうがやふきあえずのみこと》は、母である豊玉姫《とよたまひめ》の妹の玉依姫《たまよりひめ》を妃とする。つまり姨《おば》と甥《おい》が結婚するのである。

同様に、神武天皇の子の綏靖天皇《すいぜいてんのう》は、母である媛蹈鞴五十鈴媛《ひめたたらいすずひめ》の妹の五十鈴依媛《いすずよりひめ》を皇后とする。姨と甥の関係である。

●神武天皇と崇神天皇の共通点

（四）「はつくにしらす　すめらみこと」という称号
これは、従来から繰り返し俎上《そじょう》にあげられている共通点である。

初代神武天皇と第一〇代崇神天皇の両方に「はつくにしらす　すめらみこと」という称号が与えられている。「初めて国を治められた天皇」という意味である。「初めて」という点からみると、そのような天皇がふたりいるのは不自然であり、神武天皇非実在説の根拠ともされている。ただし、あてられた漢字は異なり、神武天皇紀は「始馭天下之天皇」、崇神天皇紀は「御肇国天皇」と表記される。

（五）　五二歳で即位
『日本書紀』の設定では、両天皇ともに五二歳で即位される。神武天皇については後段詳述するが、四五歳で東征に旅立ち七年後に橿原宮で即位される。

第一〇代崇神天皇は、第九代開化天皇の二八年に一九歳で皇太子となる。開化天皇は治世六〇年に崩御されるので、その年の崇神天皇は五一歳である。翌年に即位されるので五二歳となるのである。

●崇神天皇と彦火火出見尊の共通点

（六）　男子三兄弟の第二子
彦火火出見尊も崇神天皇も、男子三兄弟の第二子とされている（図表２）。
（七）　兄弟名の「火」と「彦」

■図表2　彦火火出見尊と崇神天皇の兄弟

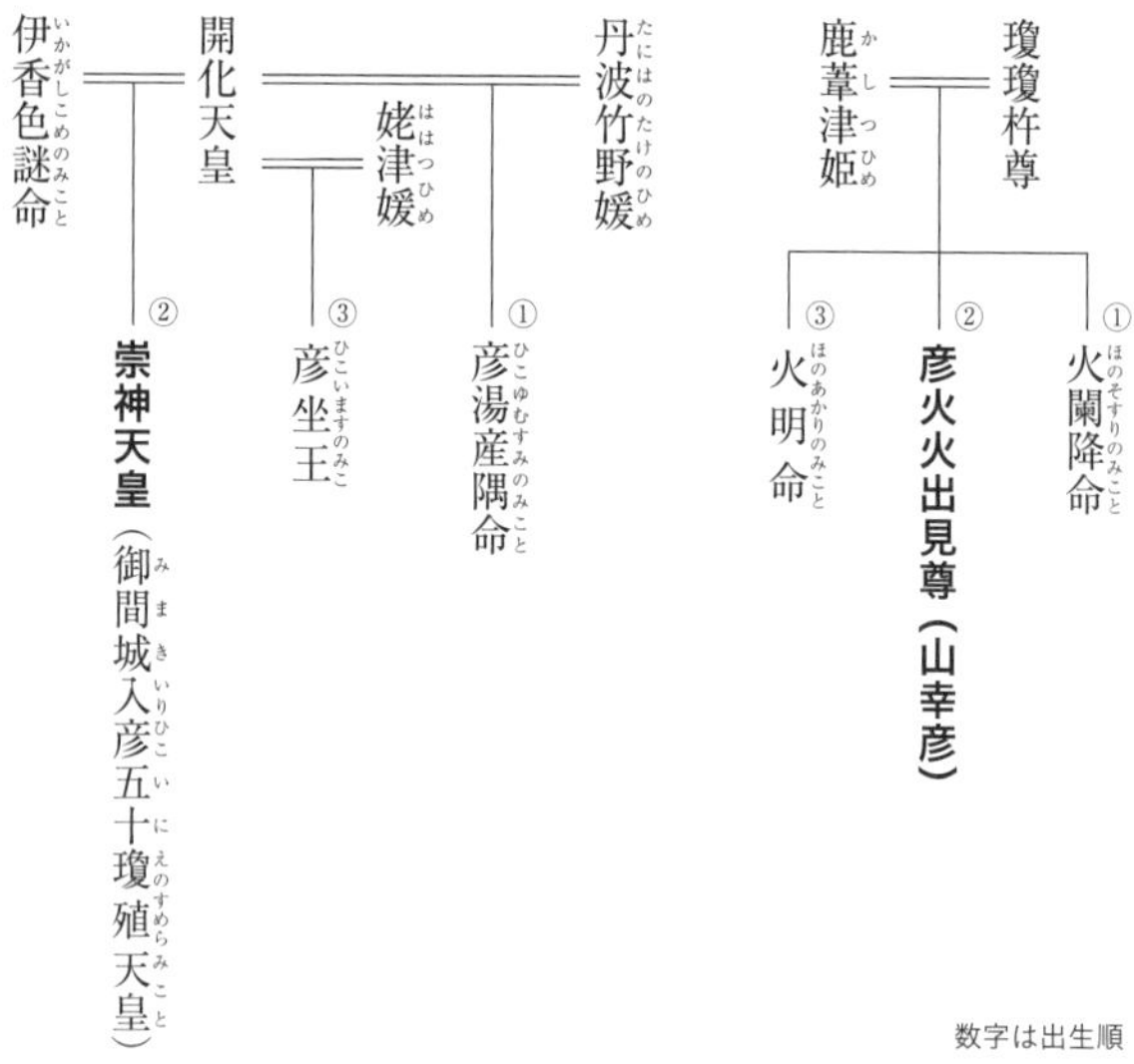

数字は出生順

これは㈥とも関連するのだが、図表2のように彦火火出見尊の兄弟名は「火《ほ》」で統一されており、崇神天皇の兄弟名は「彦《ひこ》」で統一されている。その両方の要素を兼ね備えた人物として、彦火火出見尊という名が与えられているのである。

以上の一致は、偶然の範疇《はんちゅう》を超え、明らかに人為的な設定や操作がなされたようにみえる。そこで、筆者は三者の同一人物説を採用したのである。また、これは本書で詳述する系譜からも非常に可能性の高いものであると考えている。

だから、本書で「初代天皇」といえばこの三名を指すことになる。

「神武東征」はいつ行われたのか?

では、『日本書紀』のクライマックスのひとつである「神武東征」がいつのことだったのかについて見ていきたい。

最初に、「神武東征」という用語についてである。

筆者は先に述べたように神武天皇、崇神天皇、彦火火出見尊の同一人物説を唱えているので、「神武東征」の「神武」とはこの三者の誰もが当てはまることになる。

しかし、『日本書紀』のいう「神武東征」を、「彦火火出見尊の東征」や「崇神東征」と言い換えると混乱をきたすので、ここではあくまでも「神武天皇の東征」として話を進めることにする。

さて、筆者は初代天皇の即位年が三〇一年であると推測した。

三〇一年は、干支《えと》でいうと辛酉（しんゆう／かのととり）の年である。

一方、『日本書紀』が記す初代神武天皇の即位年も辛酉年となっている。この辛酉年は西暦になおすと紀元前六六〇年にあたり、三〇一年とは九六〇年も離れているのだが、干支では一致しているのである。

筆者は、『日本書紀』編纂にあたって原史料として集められた文献、記録、伝承、墓記などのうち、五世紀半ば以前のものについては干支（十干十二支《じっかんじゅうにし》）で記されていなかった可能性が高いのではないかと考えている。

なぜなら、干支は本来中国で用いられていたものであり、倭国《わこく》が中国王朝の冊封《さくほう》体制に入って初めて正式に普及するものだと考えられるからである。中国と無関係の状態では、倭国は倭国内で通用する年次の数え方さえあれば用は足りるのである。

そういう観点から、ひとつの画期といえるのが、倭王讃《わおうさん》の宋《そう》への遣使であろう。初回は四二一年、続く二回目が四二五年である。邪馬台国の卑弥呼《ひみこ》・壹与《いよ》による魏《ぎ》・西晋《せいしん》への朝貢ののち、空白の四世紀を経て改めて中国王朝の冊封体制下に入ったのが四二一年だといえる。ヤマト王権との完全な連続性を断定できない邪馬台国の存在をひとまず保留にしておくと、この倭王讃の四二一年から中国の宋と同じ時間軸での活動および記録が必要となり、王権中枢部から周辺の各氏族へ「干支」による記録が広まり次第に定着していったのだろうと思われる。

話を西暦三〇一年の「辛酉年」に戻すと、筆者の考える『日本書紀』の前段階的文書である『原日本紀《げんにほんぎ》』（三二頁参照）の編纂段階で、初代天皇の即位年が三〇一年の辛酉年ということになったのだと思う。

もちろん、この年代の記録には干支が付されていないので、編纂者が事績に干支を与えていった結果として、という意味である。それは偶然だったか、辛酉革命《しんゆうかくめい》（辛酉年には大きな変革が起きるという古代中国の説）を意識して意図的にそうしたのかはわからない。

だが、『原日本紀』に対して大幅な紀年延長操作を行うにあたって、初代天皇即位年を、この「辛酉年」を目印として六〇年（十干十二支の一巡）単位で古くしていったのではないか。だから、『日本書紀』の初代神武天皇即位年が紀元前六六〇年という「辛酉年」になったのではないかと考えるのである。

『日本書紀』は、神代の出来事についてはその年がいつであったのかを明記していない。

しかし、初代天皇即位後は各天皇の即位元年に太歳《たいさい》記事を記す。太歳は十干十二支（図表3）のことである。例えば第一〇代崇神天皇の即位年は「太歳甲申」、第一一代垂仁天皇の即位年は「太歳壬辰」という風にある意味での絶対年代を明示したのち、その天皇の治世何年にどういう出来事があったというように編年体で記していく。

■図表3　十干十二支

1 甲子《きのえね》	11 甲戌《きのえいぬ》	21 甲申《きのえさる》	31 甲午《きのえうま》	41 甲辰《きのえたつ》	51 甲寅《きのえとら》
2 乙丑《きのとうし》	12 乙亥《きのとい》	22 乙酉《きのととり》	32 乙未《きのとひつじ》	42 乙巳《きのとみ》	52 乙卯《きのとう》
3 丙寅《ひのえとら》	13 丙子《ひのえね》	23 丙戌《ひのえいぬ》	33 丙申《ひのえさる》	43 丙午《ひのえうま》	53 丙辰《ひのえたつ》
4 丁卯《ひのとう》	14 丁丑《ひのとうし》	24 丁亥《ひのとい》	34 丁酉《ひのととり》	44 丁未《ひのとひつじ》	54 丁巳《ひのとみ》
5 戊辰《つちのえたつ》	15 戊寅《つちのえとら》	25 戊子《つちのえね》	35 戊戌《つちのえいぬ》	45 戊申《つちのえさる》	55 戊午《つちのえうま》
6 己巳《つちのとみ》	16 己卯《つちのとう》	26 己丑《つちのとうし》	36 己亥《つちのとい》	46 己酉《つちのととり》	56 己未《つちのとひつじ》
7 庚午《かのえうま》	17 庚辰《かのえたつ》	27 庚寅《かのえとら》	37 庚子《かのえね》	47 庚戌《かのえいぬ》	57 庚申《かのえさる》
8 辛未《かのとひつじ》	18 辛巳《かのとみ》	28 辛卯《かのとう》	38 辛丑《かのとうし》	48 辛亥《かのとい》	58 辛酉《かのととり》
9 壬申《みずのえさる》	19 壬午《みずのえうま》	29 壬辰《みずのえたつ》	39 壬寅《みずのえとら》	49 壬子《みずのえね》	59 壬戌《みずのえいぬ》
10 癸酉《みずのととり》	20 癸未《みずのとひつじ》	30 癸巳《みずのとみ》	40 癸卯《みずのとう》	50 癸丑《みずのとうし》	60 癸亥《みずのとい》

「神武東征」は神々の時代（神の世）と天皇の時代（人の世）をつなぐ重要な期間だが、天皇の即位前の話なので当然のことながら治世何年という年次は付されない。その経緯

■図表4　神武東征の経緯

日本書紀の設定	西暦（筆者想定）	事績	
甲寅（きのえとら）	**294**		塩土翁（しおつつのおじ）に、「東の方に天下を治めるのによい土地がある。饒速日（にぎはやひ）が天磐船（あめのいわふね）に乗ってそこへ飛びくだっているが、そこに行って都を造るにかぎる」と助言される。
		10月	**東征に出発。**筑紫の国の菟狭（宇佐）に着く。
		11月	筑紫の国の岡水門（おかのみなと）に着く。
		12月	安芸国に着いて埃宮（えのみや）に滞在する。
乙卯（きのとう）	295	3月	吉備国に移り高嶋宮を造る。
丙辰（ひのえたつ）	296	↓	（3年の間に船舶を揃え兵器や食糧を蓄える）
丁巳（ひのとみ）	297	↓	
戊午（つちのえうま）	298	2月	軍を率いて東へ向かう。
		3月	河内国草香邑（くさかのむら）の青雲の白肩津（しらかたのつ）に着く。
		4月	長髄彦（ながすねひこ）の軍と孔舎衛坂（くさえのさか）で交戦し敗退。
		5月	茅渟（ちぬ）の山城水門（やまきのみなと）に着く。紀伊国の竈山（かまやま）で五瀬命が死去。
		6月	名草戸畔（なくさのとべ）、丹敷戸畔（にしきとべ）を殺す。暴風に会い、兄の稲飯命（いなひのみこと）と三毛入野命（みけいりのみこと）が死亡。 神の毒により軍が病むが、高倉下（たかくらじ）により目覚める。道に迷うが、八咫烏（やたのからす）の導きにより、菟田（宇陀）の下県（しもつこおり）に着く。
		8月	兄猾（えうかし）を討つ。
		10月	八十梟帥（やそたける）を撃破する。
		11月	兄磯城（えしき）を撃破する。
		12月	再度長髄彦を攻めるが勝てなかった。長髄彦は神武天皇が天孫だと知るが攻撃を止めない。そこで、長髄彦の義兄弟となっていた饒速日命（にぎはやひのみこと）が長髄彦を殺して帰順する。
己未（つちのとひつじ）	299	2月	高雄張邑（たかおはりむら）の土蜘蛛を殺し、その地を磐余（いわれ）と改名した。
		3月	都の造営を決定し、橿原（かしはら）を中心とする。
庚申（かのえさる）	300	9月	媛蹈鞴五十鈴媛命（ひめたたらいすずひめのみこと）を正妃とする。
辛酉（かのととり）	**301**	1月	**神武天皇が橿原宮で即位される。**

はすべてが干支で記されている。

神武天皇が日向《ひむか》の地から東征に出発された年は甲寅（きのえとら／こういん）の年とされ、初代天皇として即位されるのが先に見たように辛酉年となっている。

では、その間何年かかっているのだろうか。

干支の巡りで見ると、甲寅年は辛酉年の七年前ということになる。つまり、辛酉年を三〇一年とすると甲寅年は二九四年である。

だから、結論として、神武東征の出発年は二九四年と考えられる。

ここに、出発から即位までの経緯を略記しておく（図表4）。

神武東征に見る『日本書紀』と『古事記』の違い

神武東征の開始年は二九四年となった。しかし、いきなり大和を目指したわけではない。途中、いくつか宮を造営して、軍勢や食糧を蓄えながら最終的に大和を目指す。そして、結果として神武天皇（初代天皇）が橿原宮で即位されるのが三〇一年なのである。

『日本書紀』はその行程に現れる宮について、月日まで示して以下のように記している

■図表5　『日本書紀』の神武東征に現れる宮

日本書紀の設定	西暦（筆者想定）	事績	
甲寅（きのえとら）	294	10月5日	日向から東征に出発。
		?月?日	筑紫の国の菟狭（宇佐）に着く。
		?月?日	菟狭の川上に**一柱騰宮（あしひとつあがりのみや）**を作る。
		11月9日	筑紫の国の**岡水門（おかのみなと）**に着く。
		12月27日	安芸国に着いて**埃宮（えのみや）**に滞在する。
乙卯（きのとう）	295	3月6日	吉備国に移り**高嶋宮（たかしまのみや）**を造る。
丙辰（ひのえたつ）	296	↓	（3年の間に船舶を揃え兵器や食糧を蓄える）
丁巳（ひのとみ）	297	↓	
戊午（つちのえうま）	298	2月11日	軍を率いて東へ向かう。

（図表5）。

神武東征の行程は『日本書紀』だけでなく『古事記』にも書かれている。ところが、『古事記』の記述は『日本書紀』とは異なる部分が多い。

『古事記』の記述はもともとシンプルなのだが、それを略記すると次のようになる。

日向を出発

←豊国《とよくに》の宇沙《うさ》に到る

足一騰宮《あしひとつあがりのみや》に滞在（滞在期間不明）

←竺紫《つくし》の岡田宮《おかだのみや》に一年滞在

←阿岐国《あきのくに》の多祁理宮《たけりのみや》に七年滞在

■図表6　神武東征に現れる宮の位置

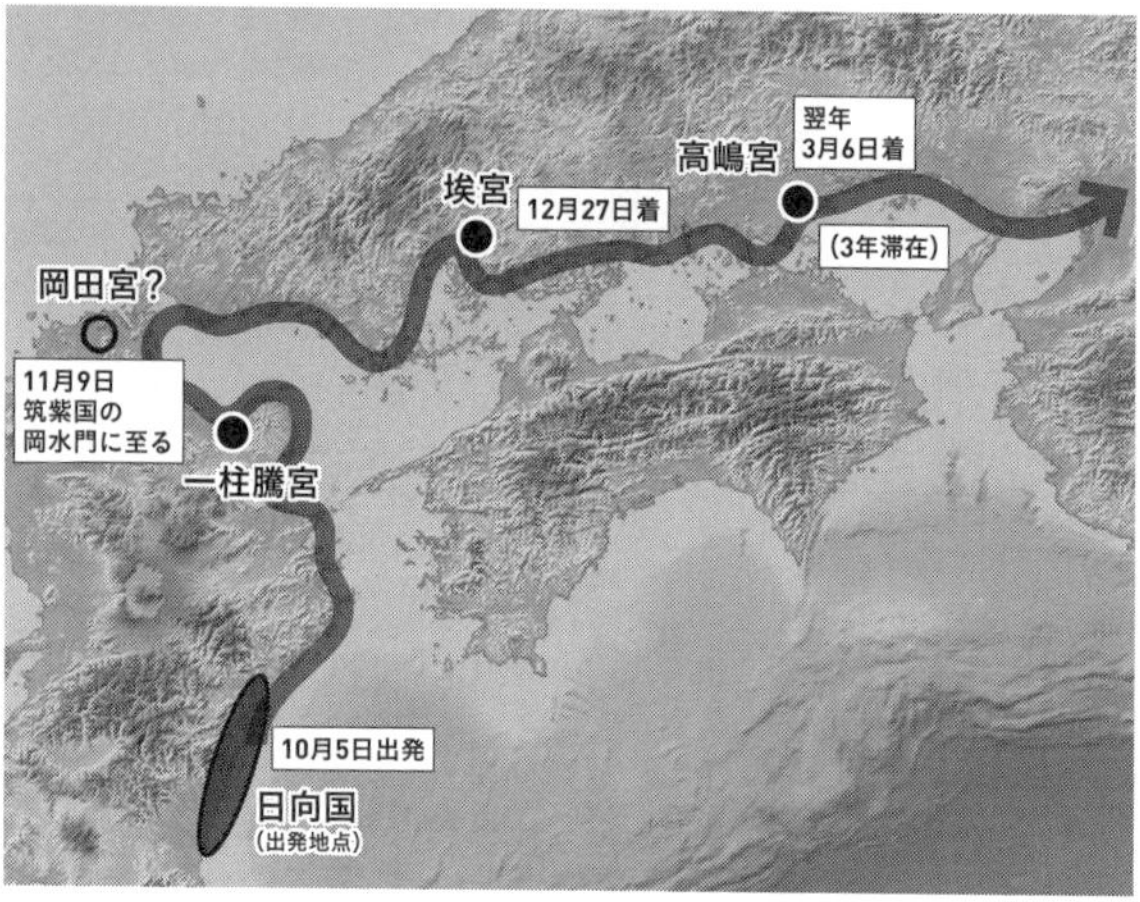

※地理院地図（電子国土Web）「色別標高図」をもとに作成

←吉備《きび》の高嶋宮《たかしまのみや》に八年滞在

←大和方面へ向かう

まず出発地点だが、これは両者ともに「日向」で一致している。ただし、『古事記』はいつ出発したかは記していない。

次に「宇沙」である。これは『日本書紀』の「菟狭《うさ》」と同じだと思われるが、『古事記』では「豊国」の宇沙であり、『日本書紀』では「筑紫国」の菟狭とされる。『日本書紀』には「豊国」の認識がなかったのであろうか。

宮の名は、漢字は異なるが「あしひとつあがりのみや」で共通している。『古事記』も『日本書紀』も滞在期間は記さないが、『日本書紀』では一〇月五日に日向を出発し、一一月九日に岡水門に着くまでの話なので、一か月以内の短期間だったと考えられる。問題はその次である。『古事記』は、「竺紫《つくし》」の「岡田宮」に一年滞在されたという。しかし、『日本書紀』には「岡田宮」は登場しない。一一月九日に「筑紫国」の「岡水門《おかのみなと》」に到着したと記すのみである。宮を造ったとは書かれていない。経由地として記されるだけで一二月二七日には安芸国の埃宮《えのみや》に入る。

この岡田宮と岡水門だが、比定地が存在する。

岡田宮は北九州市八幡西区にある一宮神社、岡水門は遠賀川《おんががわ》下流の岡湊神社《おかのみなとじんじゃ》に比定されている。ともに、関門海峡より西にある。

従来から、「なぜ、神武天皇一行は瀬戸内海を東進する前に、わざわざ関門海峡を抜けて西へ行く必要があったのか?」が謎とされている。そして、それに答える形で「神武天皇の祖先(高皇産霊尊《たかみむすひのみこと》や大日孁貴《おおひるめのむち》〈天照大神のこと〉など)がこの地にいた」という説や、「じつは東征の出発点の日向は糸島市など北部九州にあった」という説などが唱えられている。

しかし、『日本書紀』を読む限りにおいては、岡水門で何か意義深いことが行われたとは筆者には思えない。もしそうであれば、宮を造ったとか、祭祀《さいし》を行ったとか、何らかの記事が残されるはずである。一一月九日に岡水門に着いてから一二月二七日に安芸国の埃宮に入られるまで二か月弱あるので、その間岡水門に滞在された可能性は認めるとしても、意図的に航路を西に変更して関門海峡を抜けてまで行く目的地ではなかったのではないかと思われる。

そう考えると、岡水門の場所は関門海峡の西ではなく、手前（東）にあったのではないか。明確な根拠があるわけではないが、大分県の宇佐から広島県の安芸に至る沿岸の、特徴的な地形の場所を岡水門と呼んだのではないかと想像する。例えば、関門海峡の瀬戸内海側の入り口辺りの潮待ちをするのに適した港などである。

その後の経緯についても、『日本書紀』と『古事記』の間には時間的に大きな違いがある。

『古事記』は阿岐国の多祁理宮に七年間滞在し、吉備の高嶋宮に八年間滞在した後、大和に向かって進軍したことになっている。計一五年を要している。

一方、『日本書紀』は図表5と図表6のように、安芸国の埃宮に二か月強、吉備国の高嶋宮に約三年しか滞在されていない。

確かに、『日本書紀』のいうような短期間で準備ができるわけがない、『古事記』の記述のほうが正しいのではないか、というような意見にも一理ある。しかし、筆者には干支により年月日まで示している『日本書紀』のほうが真実であるように思われる。極論すれば、『日本書紀』編纂者はいくらでも期間を延ばすことはできた。それにも拘《かか》わらず東征期間はこれでよいのだ、と判断している。そういう具体的な記録が存在したのだと思うのである。なお、この短期間の謎については本書のなかでその理由も判明することとなる。

繰り返しになるが、神武東征の出発年は二九四年と考えられる。そして、三〇一年に神武東征が完遂されヤマト王権が誕生するのである。

コラム

紀年論への新しいアプローチ法！『原日本紀』仮説

日本の古代史、とくに六世紀初頭の継体天皇以前の歴史を探るためには、どうしてもその基準となる編年表が必要である。その天皇の治世はいつだったのかを知ることが、考古学的成果とのクロスチェックにより古代の真実に迫る近道ともなる。

古代の編年については、先学によって様々に議論されてきた。いわゆる「紀年論」というものである。研究史に疎い筆者でも、明治時代の歴史学者である那珂通世《なかみちよ》以来の主な説のいくつかは目にしている。

統計学からの天皇平均在位年数を用いたものや二倍年暦を想定したものもあるが、その主流となっているのは「干支」を用いた手法である。

『日本書紀』は太歳《たいさい》という干支により年代を設定しているので、当然といえば当然であろう。しかし、「干支」に縛られた手法には限界がある。基本的に六〇年単位の運用となるからである。そこで、『古事記』の崩年干支《ほうねんかんし》を組み合わせた論考なども出てくるのであるが、どうしても論者の主観が見え隠れし、万人を納得させるには至らない。袋小路に入ってしまったというのが現状のように見える。

古代天皇の寿命は非常に長い。一〇〇歳以上の天皇も多い。したがってその治世も非常に長いものとなっている。

先学の多くが、この天皇以前の紀年が延長されていると考えるのは、第一九代允恭《いんぎょう》天皇《てんのう》である。その前後で治世を比較してみよう。

初代神武天皇即位から一九代允恭天皇崩御までが一一一三年、二〇代安康天皇《あんこうてんのう》即位から四一代持統天皇《じとうてんのう》譲位までが二二四年である。一代平均の在位年数は、前者が約五九年、後者が約一一年となる。

これは、人為的な操作が行われた明らかな証拠といえよう。

そしてもうひとつ、古代天皇の天皇紀には何も記事のない年（無事績年）が非常に多く存在するのである。例をあげれば、神武天皇は治世七六年のうち記事があるのはわずか六年、一〇代崇神天皇は治世六八年のうち一七年、日本最大の大仙陵古墳で有名な仁徳天皇は治世八七年のうち二九年、そして允恭天皇は治世四二年のうち一四年などとなっている。

そこで、筆者は『日本書紀』における古代天皇の紀年延長は無事績年の挿入によって行われたのではないかと考えた。

編年体で記された『日本書紀』の文体が、中国の編年体史書である『春秋《しゅんじゅう》』を模したものであることも根拠となった。なぜなら、『春秋』は二四二年にわたって一年の抜けもなく連綿と歴史をつづっているからである。

『日本書紀』は完成の一段階前に、一年の無事績年もない文書『原日本紀《げんにほんぎ》』（筆者命名）』が作成されていた。『原日本紀』は、ひとつの完成形だったのかもしれない。集められた膨大な史料から「歴史の真実」をまとめたものだからである。

しかし、ヤマト王権が「魏志倭人伝」に記された邪馬台国よりあとに誕生したなどという浅い歴史では到底中国に太刀打ちできない。当時の唐への対抗意識がその状態での撰上を許さなかったのだと思われる。

そこで、大幅な紀年延長が企図される。『原日本紀』に多くの無事績年を加えることで悠久の歴史を創りあげ、はじめて『日本書紀』は完成・撰上されたのではないか。

それが、筆者の唱える『原日本紀』仮説である。

多少考察が必要な年もあるが、基本的に復元作業は簡単である。新しい年代の天皇紀から順に、無事績年を機械的に削除して縮めていくだけである。ほぼ主観の入り込む余地はないので、仮説に求められる「再現性」という点でも問題はないと考えている。

ところで、「無事績年」は一九代允恭天皇以前だけでなく、二四代仁賢天皇《にんけんてんのう》から二九代欽明天皇《きんめいてんのう》の間にも存在する。その間の二〇代安閑天皇から二三代顕宗天皇《けんぞうてんのう》までは無事績年がないという不思議な構造になっている。允恭天皇以前を第一期無事績年とすれば、それは第二期無事績年といえるものである。

筆者は、この第二期無事績年については紀年延長の目的ではなく、継体天皇《けいたいてんのう》の王朝と仁賢《にんけん》・武烈天皇《ぶれつてんのう》の王朝の並立を調整するために生じたと考えている。推定される並立期間は五〇七年から五二五年までの一九年間だが、それは第二期無事績年に吸収され、それ以前の天皇在位年に影響を及ぼさないように考えられているのである。

『原日本紀』仮説の結論ともいえる「原日本紀年表」（図表7）を載せておく。

451	履中	1
452		2
453		3
454		4
455		5
456		6
457	反正	1
458		5
459	允恭	1
460		2
461		3
462		4
463		5
464		7
465		8
466		9
467		10
468		11
469		14
470		23
471		24
472		42
473	安康	1
474		2
475		3
476	雄略	1
477		2
478		3
479		4
480		5
481		6
482		7
483		8
484		9
485		10
486		11
487		12
488		13
489		14
490		15
491		16
492		17
493		18
494		19
495		20
496		21
497		22
498		23
499	清寧	1
500		2
501		3
502		4
503		5
504	顕宗	1
505		2
506		3
507	仁賢	1
508		2
509		3
510		4
511		5
512		6
513		7
514		8
515		11
516	武烈	1
517		2
518		3
519		4
520		5
521		6
522		7
523		8
524	継体	1
525		2
526		3
527		5
528		6
529		7
530		8
531		9
532		10
533		12
534		17
535		18
536		20
537		21
538		22
539		23
540		24
541		25
542	安閑	1
543		2
544	宣化	1
545		2
546		4
547	欽明	1
548		2
549		4
550		5
551		6
552		7
553		8
554		9
555		10
556		11
557		12
558		13
559		14
560		15
561		16
562		17
563		18
564		21
565		22
566		23
567		26
568		28
569		30
570		31
571		32
572	敏達	1
573		2
574		3
575		4
576		5
577		6
578		7
579		8
580		9
581		10
582		11
583		12
584		13
585		14
586	用明	1
587		2
588	崇峻	1
589		2
590		3
591		4
592		5
593	推古	1
594		2
595		3
596		4
597		5
598		6
599		7
600		8

■図表7　原日本紀年表

西暦		日本書紀の紀年						
301	崇神	1(年)	351		19	401		8
302		神武2	352		20	402		7
303		神武4	353		25	403		9
304		神武31	354		27	404		11
305		3	355		28	405		13
306		4	356		40	406		14
307		5	357		43	407		15
308		6	358		51	408		16
309		7	359		52	409		19
310		8	360		53	410		20
311		9	361		54	411		22
312		10	362		55	412		25
313		11	363		56	413		28
314		12	364		57	414		31
315		17	365		58	415		37
316		48	366		60	416		39
317		60	367	成務	1	417		40
318		62	368		2	418		41
319		65	369		3	419		
320		68	370		4	420		
321	垂仁	1	371		5	421		
322		2	372		48	422	仁徳	1
323		3	373		60	423		2
324		4	374			424		4
325		5	375	仲哀	1	425		7
326		7	376		2	426		10
327		15	377		8	427		11
328		23	378		9	428		12
329		25	379		神功1	429		13
330		26	380		神功2	430		14
331		27	381		神功3	431		16
332		28	382		神功5	432		17
333		30	383		神功13	433		22
334		32	384		神功46	434		30
335		34	385		神功47	435		31
336		35	386		神功49	436		35
337		37	387		神功50	437		37
338		39	388		神功51	438		38
339		87	389		神功52	439		40
340		88	390		神功55	440		41
341		90	391		神功56	441		43
342		99	392		神功62	442		50
343	景行	1	393		神功64	443		53
344		2	394		神功65	444		55
345		3	395		神功69	445		58
346		4	396	応神	1	446		60
347		12	397		2	447		62
348		13	398		3	448		65
349		17	399		5	449		67
350		18	400		6	450		87

第一章

『日本書紀』が記す神代の事実

邪馬台国は神代の時代に存在した

序章で、神武東征が二九四年の日向出発にはじまり、三〇一年の橿原宮における即位で完結することを確認した。

つまり、ヤマト王権のはじまりは三〇一年ということになる。

一方、『三国志』「魏志倭人伝」は、二〇〇年代の日本のどこかに邪馬台国があったことを記している（図表8）。

しかし、二六六年以降については中国の史書から倭の記録が消えてしまう。一般的にいわれる「空白の四世紀」に突入する。次に倭について言及されるのは『宋書《そうしょ》』においてであり、倭王讃が四二一年に中国の宋へ朝貢したという記事である。だから、二六六年のあとに邪馬台国がどうなったのかは不明なのである。

だが、『日本書紀』が教えてくれるヤマト王権のはじまりが三〇一年だとすると、邪馬台国はその前の時代に存在していたことになる。それは、『日本書紀』の記述においては、二九四年に神武東征がはじまる前の神代の時代ということになる。いわゆる神々

■図表8　邪馬台国に関する記事（『三国志』および『晋書《しんじょ》』）

中国元号	西暦	記事
景初2年	238	卑弥呼が魏へ難升米（なしめ）らを派遣する。 親魏倭王（しんんぎわおう）の称号を授かる。
正始元年	240	魏が建中校尉（けんちゅうこうい）梯儁（ていしゅん）を倭に派遣。 倭王に証書・金印紫綬を授ける。
正始4年	243	卑弥呼が魏へ難升米・伊聲耆（いせいき）・掖邪狗（やくやく）らを遣使。
正始6年	245	魏が難升米に黄幢（こうどう）を仮授。
正始8年	247	卑弥呼が帯方郡に狗奴国（くなこく）との戦いを報告。 魏が塞曹掾史（さいそうえんし）張政（ちょうせい）を倭に派遣し、詔書・黄幢を難升米に授与。
時期不明		卑弥呼が死に径百余歩の墓が作られる。 男王が立つが国は治まらない。 卑弥呼の宗女壹与（いよ）が13歳で王となり、国が治まる。
泰始2年	266	倭人が西晋へ貢献した。（『晋書』武帝紀） 倭女王が西晋へ貢献した。（神功皇后紀が引用する『晋起居注』）

の神話の時代である。

　つまり、邪馬台国とヤマト王権が何らかの関連性を持っていたならば、邪馬台国の痕跡は神代の記述のなかに認められるはずである。


　そこで、本章では『日本書紀』がどのように神代を記しているのかを見ていくことにする。

　ただし、神代は干支を付した編年体で書かれているわけではなく、説話としてまとめてある。だから、その時間軸を確定していく方法として、巻頭からはじめて登場人物の系譜を作りながら世代を下っていきたいと思う。

また、神代については本文のあとに「一書（あるふみ／いっしょ）に曰く」として多くの異伝を併載している。名前や兄弟姉妹の誕生順が異なっていたり、ストーリー自体が異なっている場合もある。その数も多く、ひとつの本文に対して実に一〇以上の異伝が記されている箇所もある。

おそらく様々な豪族・氏族内で語り継がれてきた内容に、時の経過とともに大小の差異が生じたのが原因だと思われる。各氏族が自らに都合の良いように改変していた可能性もある。記された多くの説のうち、どれが正しいかは現代の私たちには判断のくだしようがない。そこで、『日本書紀』の編纂者がもっとも真実に近い（もしくは自分たちに都合がよい）と判断して撰述したと思われる「本文」に絞り込んで、『日本書紀』が語る神代の事実を概観していく。あわせて、適宜『古事記』の記述とも比較してみたい。

神世七代

『日本書紀』はその書き出しで、天地《あめつち》や陰陽の区別もつかない混沌とした状態があったと記す。

そこから天が出来、地が定まる。これは「天地開闢神話《てんちかいびゃくしんわ》」といわれるものである。『日本書紀』の天地開闢の記述については、中国古典の『淮南子（わいなんし／えなんじ）』を参考にしたともいわれている。

それに続いて、最初の神がお生まれになる。

その神の名は、国常立尊《くにのとこたちのみこと》という。

次に、国狭槌尊《くにのさつちのみこと》、その次に豊斟渟尊《とよくむぬのみこと》がお生まれになる。この三柱の神は、陽気のみを受けて生まれたので、純粋な男性神であったとされている。

神々はまだ次々とお生まれになる。

次は、泥土煑尊《ういじにのみこと》と沙土煑尊《すいじにのみこと》。次は、大戸之道尊《おおとのじのみこと》と大苫辺尊《おおとまべのみこと》。次は、面足尊《おもだるのみこと》と惶根尊《かしこねのみこと》。

そして、その次が広くその名を知られる伊弉諾尊《いざなぎのみこと》と伊弉冉尊《いざなみのみこと》である。この四組八柱の神々は、陽気・陰気が交わってお生まれになったので、男性神・女性神となっている。

そして、国常立尊から伊弉諾尊・伊弉冉尊までを神世七代（かみのよななよ／かみよしちだい）と記されている。『日本書紀』が記す神世七代の神々の総数は一一柱である（図表9）。
しかし、『古事記』の記述は『日本書紀』とは大きく異なっている。『日本書紀』に対応すると思われる国之常立神《くにのとこたちのかみ》、豊雲野神《とよくものかみ》という二柱の独神《ひとりがみ》とそれに続く五組一〇柱の男女神（『日本書紀』では上述の一一神に対応すると思われる）は登場するが、それより前に特別な五柱の別天神《ことあまつかみ》がおられたということになっている。

最も早くお生まれになったのは天之御中主神《あめのみなかぬしのかみ》であり、続けて高御《たかみ》産巣日神《むすひのかみ》、神産巣日神《かみむすひのかみ》、宇摩志阿《うましあ》斯訶備比古遅神《しかびひこぢのかみ》、天之常立神《あめのとこたちのかみ》が特別な神とされている。

天之御中主神は、『日本書紀』

■図表9　『日本書紀』の神世七代の神々

① 国常立尊（くにのとこたちのみこと）
② 国狭槌尊（くにのさつちのみこと）
③ 豊斟渟尊（とよくむぬのみこと）
④ 沙土煑尊（すいじにのみこと）　埿土煑尊（ういじにのみこと）
⑤ 大苫辺尊（おおとまべのみこと）　大戸之道尊（おおとのじのみこと）
⑥ 惶根尊（かしこねのみこと）　面足尊（おもだるのみこと）
⑦ 伊弉冉尊（いざなみのみこと）　伊弉諾尊（いざなぎのみこと）

では「一書曰《あるふみにいわく》」として異伝のなかに、天御中主尊《あめのみなかぬしのみこと》という名前で一度触れられるだけで、本文中には登場しない。

高御産巣日神は、『日本書紀』では高皇産霊尊《たかみむすひのみこと》という名前で、天忍穂耳尊《あめのおしほみみのみこと》の義父として登場する。非常に重要な役割を果たす神である。しかし、天忍穂耳尊は大日孁貴《おおひるめのむち》（天《あま》照大神《てらすおおみかみ》）の子とされるので、天地開闢より世代がかなり下ることになる。ただし、『古事記』においても天忍穂耳命の義父として高木神《たかぎのかみ》がおり、それが高御産巣日神だとも考えられている。

『古事記』がなぜ源初の神として天之御中主神や高御産巣日神を特別に設定しているのかについては不明だが、『日本書紀』との違いを確認して時代を下っていく。

国生みと神生み

神世七代の最後の神は、日本神話の登場人物として広くその名を知られる伊弉諾尊《いざなぎのみこと》と伊弉冉尊《いざなみのみこと》である。そして、この二神が日本の国土を生み出していく。

まず、伊弉諾尊と伊弉冉尊は天浮橋《あまのうきはし》（天と地の間に架けられた橋）から、矛《ほこ》で混沌とした下界を探られる。すると、矛の先からしたたった海水が固まって磤馭慮島《おのごろしま》になる。伊弉諾尊と伊弉冉尊は磤馭慮島に降りて、そこで夫婦の営みをもって次々と国を生んでいかれる。

『日本書紀』の本文では、最初に淡路洲《あわじのしま》が生まれる。次から順に、大日本豊秋津洲《おおやまととよあきつしま》、伊予二名洲《いよのふたなのしま》、筑紫洲《つくしのしま》、億岐洲《おきのしま》と佐度洲《さどのしま》（双児）、越洲《こしのしま》、大洲《おおしま》、吉備子洲《きびのこしま》が生まれる。これにより、古代日本の国土のことを大八洲国《おおやしまのくに》と呼ぶようになったと記される。

それに続けて、山川草木《やまかわくさき》を生まれた後、伊弉諾尊と伊弉冉尊は相談して、天下《あめのした》の主者《きみたるもの》を生もうと決められる。

その最初が日神《ひのかみ》であり名前を大日孁貴《おおひるめのむち》という。大日孁貴には「一書云《あるふみにいわく》」として注釈が付けられ、別名は天照大神《あまてらすおおみかみ》であると書かれている。皇祖神として伊勢神宮の内宮《ないくう》に祭られている天照大神のことである。なお、本書ではこれ以降、一般的に認知された「天照大神」という名を主に用いることとする。

天照大神は生まれたときから「光華明彩《ひかりうるわし》」で国中を照らしわたす。二神は喜ばれ、「この国に留め置くのではなく、天上（高天原《たかまがはら》）の仕事をしてもらうのがよいだろう」

■図表10　『日本書紀』本文の国生みと神生み

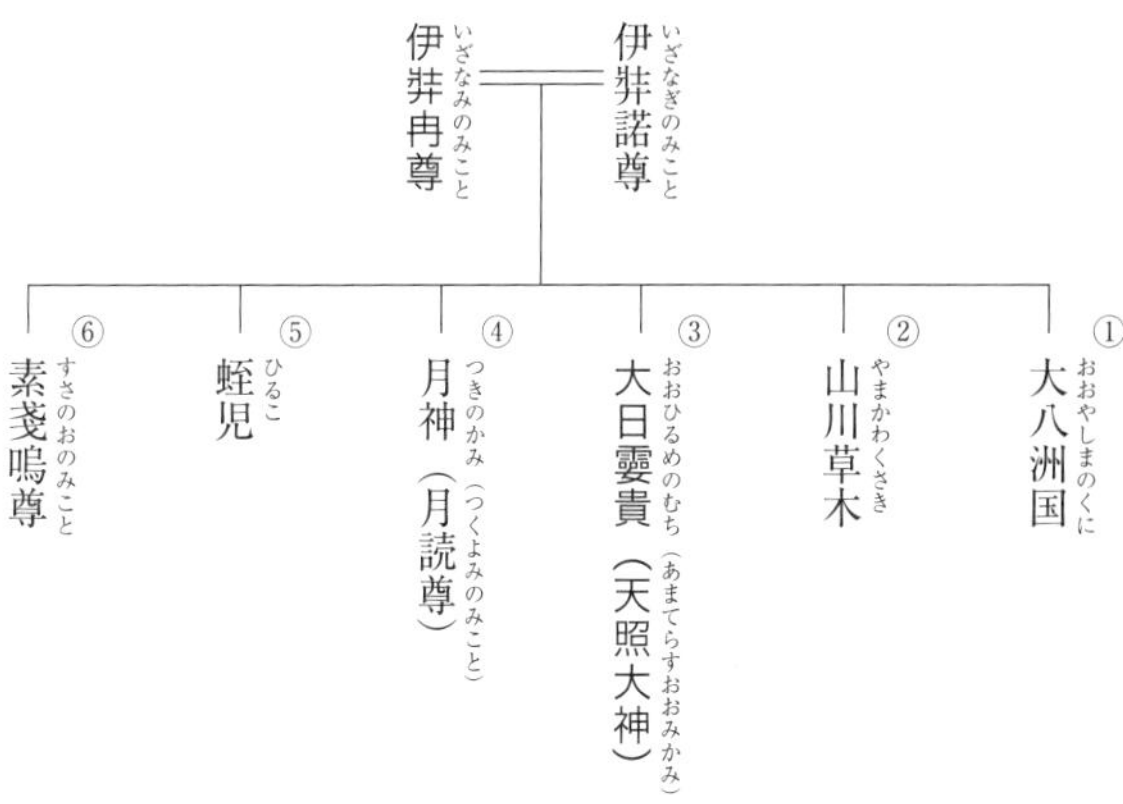

と、すぐに天上に送り上げられる。

次に生まれるのが月神《つきのかみ》である。「一書云」として月読尊《つくよみのみこと》などの別名がある。その神も太陽に次いで光うるわしかったので、日神と並んで治めるのがよいだろうと、天上に送られる。

その次に生まれるのが蛭児《ひるこ》である。しかし、蛭児は三歳になっても足が立たなかったので、天磐《あまのいわ》櫲樟《くす》船《ぶね》という船に乗せて流されてしまったと記されている。

さて、その次に生まれるのが、これも有名な素戔嗚尊《すさのおのみこと》である。だが、素戔嗚尊は姉や兄とは違い、荒っぽくて残忍であった。いつも泣きわめき、人民の多くを若死にさせてしまう。そこで、二神は素戔嗚尊に「お前は無道なので、天下の君子にはなることができない。遠くの根国《ねのくに》へ行ってしまえ」と言われて、放逐されるのである。

以上が、『日本書紀』の語る伊弉諾尊と伊弉冉尊による国生みと神生みである。これを系図化しておくと図表10のようになる。

ちなみに、『日本書紀』では伊弉諾尊と伊弉冉尊は主体的に国生みをされたことになっているが、『古事記』では、伊耶那岐命《いざなぎのみこと》と伊耶那美命《いざなみのみこと》は天神の命令により国生みをさせられたことになっている。

また、生まれた国・神ともに『日本書紀』よりも多く、合計一四の嶋々、三五柱の神々を生まれたとされている。

天照大神と素戔嗚尊の誓約

両親である伊弉諾尊と伊弉冉尊から根国行きを命じられた素戔嗚尊は、高天原へ行って姉の天照大神に会い、別れのあいさつをしようとする。

しかし、天照大神はやってくる素戔嗚尊をみて、国を奪いにくるのだと思い、武装して対峙《たいじ》する。

素戔嗚尊は「黒心（汚い心）はない」というが、天照大神は「赤心（清い心）をどのように証明するのだ」と詰め寄る。

そこで打開策として登場するのが「誓約《うけい》」である。誓約は、物事がなされる前にその結果から導かれる結論を宣言しておき、その結果により神意をはかったり勝ち負けを決めたりするものである。ここでは、素戔嗚尊が生む子供が女であれば汚い心、男であれば清い心であると宣言して子を生む。実に奇妙な設定なのだが、そういうことになっている。

素戔嗚尊が、天照大神が身につけていた八坂瓊《やさかに》の五百箇《いおつ》の御統《みすまる》（勾玉や管玉を緒に通して輪状にした首飾りや腕飾り）をカリカリと噛《か》んで、細かい霧状にして吹き出した結果、そこから生まれたのは五柱の男神であった。

上から、正哉吾勝勝速日天忍穂耳尊《まさかあかつかちはやひあめのおしほみみのみこと》（以下、天忍穂耳尊）、天穂日命《あめのほひのみこと》、天津彦根命《あめつひこねのみこと》、活津彦根命《いくつひこねのみこと》、熊野橡樟日命《くまののくすびのみこと》である。

ちなみに、その直前に天照大神が素戔嗚尊の十握剣《とつかのつるぎ》をカリカリと噛んで生み出した神

■図表11　誓約で生まれた神々

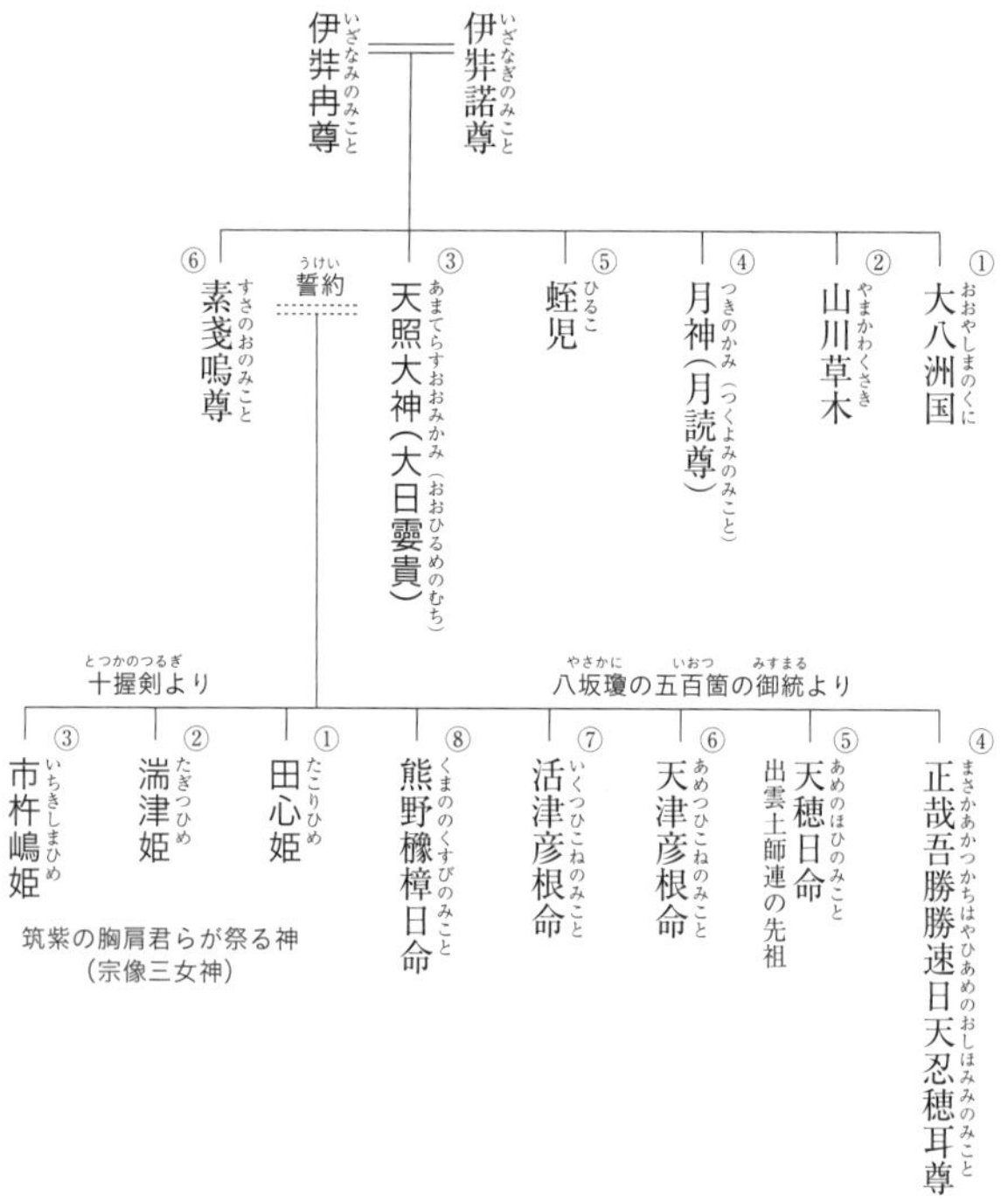

は三柱の女神だった。田心姫《たこりひめ》、湍津姫《たぎつひめ》、市杵嶋姫《いちきしまひめ》という宗像三女神《むなかたさんじょしん》といわれる神々である。二〇一七年に世界遺産登録された沖ノ島には田心姫を祀《まつ》る沖津宮、大島には湍津姫を祀る中津宮、九州島本土には市杵嶋姫を祀る辺津宮《へつみや》（一般的には辺津宮が宗像大社と呼ばれている）がある。

誓約により生まれた八柱の神々は、伊弉諾尊と伊弉冉尊の孫の世代ということになるが、系図にあらわすと図表11のようになる。

この誓約により、素戔嗚尊に邪心がないことが証明される。素戔嗚尊が生んだ子が男神だったからである。そして、天照大神の持ち物から生まれた五柱の男神たちは、天照大神の子として高天原で育てられることとなる。

さて、皇祖神として伊勢神宮の内宮に祀られている天照大神（大日孁貴）については、じつは男神だったのではないかという説が根強く語られている。

『古事記』には性別は書かれていない。また、本項で見た誓約のように、子を身ごもるわけではなく、男神である素戔嗚尊と同様に物を噛み砕いて吹き出した霧状のものにより子をなしている。男神伝承があった可能性も考えられるだろう。

しかし、『日本書紀』は明確に女神であると設定している。素戔嗚尊に天照大神のことを「姉」と呼ばせているのである。純粋に本来女性神であったのか、そうでなければ『日本書紀』の編纂者に天照大神を女性神にしたい何らかの理由があったのだろうか。

天岩屋戸隠れ

素戔嗚尊は、天照大神との誓約の結果により、高天原を奪おうとするような邪心がないことが認められた。しかし、生来荒々しかった素戔嗚尊はその後、次のような傍若無人《ぼうじゃくぶじん》な所業を繰り返すこととなる。

（一）天照大神の神田である天狭田《あまのさなだ》・長田《ながた》に対して、春には種を重ね播《ま》きしたり、田の畦《あぜ》を壊したりした（種の重ね播きは本来の穀物の生育を阻害することになる）。
（二）秋には田にまだら毛の馬を放して田の中を荒らした。
（三）天照大神が新嘗《にいなめ》の祭事（新しい穀物を神に供える祭り）をされているときに、その宮に糞《ふん》をした。

（四）天照大神が神衣を織るために神聖な機殿《はたどの》におられたとき、まだら毛の馬の皮を剥いで、屋根に開けた穴から投げ入れた。天照大神は大変驚かれて、機織の梭《ひ》で身体を傷つけてしまう。

この悪行に天照大神は怒られ、天岩屋《あめのいわや》（天石窟）に入り磐戸《いわと》を閉めて籠《こも》ってしまわれる。その結果、国中が常闇《とこやみ》になり、夜と昼の区別もつかなくなる。これが有名な天照大神の天岩屋戸隠れの神話である。

話は飛ぶが、これは日食をモチーフにした神話ではないかという説がある。それは同時に、邪馬台国の卑弥呼と関連づけて語られることが多い。

コンピュータのシミュレーションによると、二四七年と二四八年に西日本で皆既日食があったというのが前提条件で、それがちょうど卑弥呼の没年（二四七年もしくは二四八年）に合うというのだ。

この神話自体が卑弥呼の死を表しているという説や、日食により卑弥呼の霊力がなくなったと見なされ殺されたのだという説などがある。当然、それらは天照大神＝卑弥呼説のひとつの根拠ともされている。

さて、常闇になって困った八十万《やそよろず》の神々は、天安河《あまのやすかわ》の河原に集まって対応を相談する。そこで思兼神《おもいかねのかみ》が次のような深謀遠慮《しんぼうえんりょ》をめぐらせる。

（一）常世《とこよ》の長鳴鳥《ながなきとり》（鶏）を集めて長鳴きさせる。

（二）手力雄神《たちからおのかみ》を磐戸のわきに立たせ、天児屋命《あまのこやねのみこと》と太玉命《ふとたまのみこと》が天香山《あまのかぐやま》の榊《さかき》の、上の枝には八坂瓊《やさかに》の五百箇《いおつ》の御統《みすまる》をかけ、中の枝には八咫鏡《やたのかがみ》をかけ、下の枝には青や白の麻の幣《ぬさ》をかけて、皆で祈祷する。

（三）天鈿女命《あめのうずめのみこと》が茅纏《ちまき》の矛《ほこ》をもって天岩戸の前に立って踊る。

（三）の天鈿女命の踊りの描写だが、『日本書紀』本文と『古事記』では異なっている。

〈『日本書紀』本文〉

香具山の榊を頭飾《かみかざり》にし、ひかりのかずらをたすきにし、かがり火を焚き、桶を伏せてその上に乗り、神憑《かみがか》りしたように喋り踊った。
（『日本書紀（上）全現代語訳』講談社学術文庫より）

〈『古事記』〉
天宇受売命《あめのうずめのみこと》が天の香山の日影蔓《ひかげかずら》を襷《たすき》にして、真析《まさき》という蔓草を髪飾りとして、天の香山の小竹《ささ》の葉を採り物に束ね、天の石屋の戸の前に桶をふせて踏み鳴らし、神が乗り移った状態で、乳房をあらわに取り出し、下衣の紐を陰部まで垂らしたのである。（すると高天原が震動せんばかりに、八百万の神々がどっと笑った。）
（『新版古事記』角川ソフィア文庫より）

昔からアメノウズメノミコトは天岩屋戸の前で妖艶に踊ったというイメージが定着しているが、それは『古事記』の記述にもとづくものであって、『日本書紀』本文にはそのような記述は見当たらない。

この記述は、前節でも触れた天照大神の男神説の根拠ともなっている。女性が身体をあらわにして踊るさまによって、天照大神に磐戸を開けさせようとするのは、天照大神が男神だからだと考えるのである。それに呼応するように、『古事記』では天照大神の性別が明記されていない。男神を想定している可能性も十分にあろう。

一方、『日本書紀』は天照大神を女神だと断定しているので、性的な表現はなく単に神がかって踊ったというシンプルな記述になっている。整合性はとれているのである。ともあれ、思兼神の策は効を奏する。天照大神は、暗闇のはずなのに皆が喜び笑い騒ぐのが気になり、磐戸を少し開けて外をご覧になる。

そのとき、手力雄神が天照大神の手をとって引き出し奉り、中臣神（天児屋命）や忌部神（太玉命）がしめ縄を引き渡して「もう内へ戻らないでください」とお願いする。

こうして天照大神の天岩屋戸隠れの騒動は一件落着する。神々は騒動の原因をつくった素戔嗚尊に多くの捧げ物をする罰を負わせたり、髪や手足の爪を抜いて罪のあがないをさせたと記している。

そして、ついに素戔嗚尊は高天原から追放されるのである。

八岐大蛇退治

高天原を追い出された素戔嗚尊は、降って出雲国の簸之川上《ひのかわかみ》に到る。宍道湖《しんじこ》に注ぐ斐《ひ》伊川《いがわ》のことだとされる。

そこで素戔嗚尊は泣いている親子に出会う。脚摩乳《あしなづち》・手摩乳《てなづち》という老夫婦と、その娘の奇稲田姫《くしいなだひめ》である。奇稲田姫はもうすぐやってくる八岐大蛇《やまたのおろち》に呑《の》まれようとするところであった。いままでにも八人の娘が毎年八岐大蛇に呑まれてきたという。

素戔嗚尊は奇稲田姫を助けるために八岐大蛇を退治する。退治の詳細は省くがひと言でまとめると、酒を用意させ、それを八岐大蛇に飲ませて、酔って眠ったところを十握剣でずたずたに斬ってしまうのである。

そのとき、八岐大蛇の尾から一本の剣が出てくる。これが三種の神器のひとつとされる「草薙剣《くさなぎのつるぎ》」である。しかし、素戔嗚尊はせっかく手に入れたこの神剣を自身で持つことはなく、天神《あまつかみ》に献上してしまう。

この神剣については、発見された当初は「天叢雲剣《あまのむらくものつるぎ》」と呼ばれていた。それは、八岐大蛇の上には常に雲がかかっていたからだと注記されている。天叢雲剣が後世に伝わり、日本武尊《やまとたけるのみこと》が伊勢神宮の倭姫命《やまとひめのみこと》からこの神剣を授かって東国征伐を行ったときに、賊の放った火に囲まれた日本武尊を周囲の草を薙ぎ払うことによって助けたところから「草薙剣」と改名されることになるのである。

八岐大蛇を退治した素戔嗚尊は奇稲田姫を娶《めと》って、出雲の須賀に着いて宮を建てる。そこで、ふたりの間に生まれるのが大己貴神《おおあなむちのかみ》（大国主命《おおくにぬしのみこと》）である（図表12）。

しかしその後、素戔嗚尊は宮の首長《つかさ》を脚摩乳・手摩乳として、自分は根国《ねのくに》に行ってしまう。「根国」とはどこなのか、あの世のことなのか、それは不明だが、このあとに素戔嗚尊が姿を見せることはなくなるのである。

八岐大蛇の説話で不思議なのは、舞台として唐突に「出雲国」という具体名が出てくることである。「高天原」「葦原中国」のような所在の漠然とした国ではなく、『日本書紀』編纂時において、現在の出雲地方であると明確に認識されていたであろう「出雲国」である。

■図表12　神代の系譜

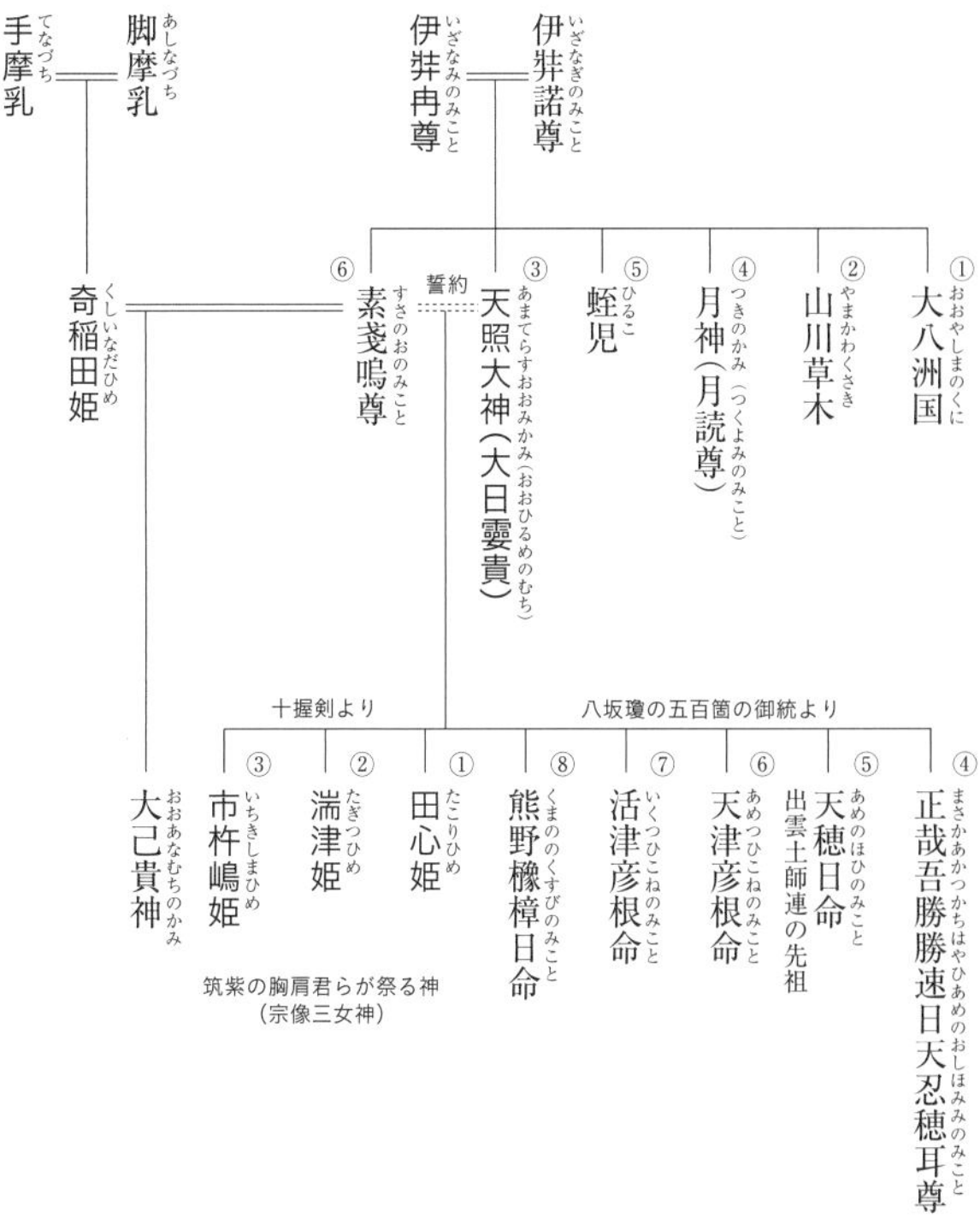
伊弉諾尊《いざなぎのみこと》
伊弉冉尊《いざなみのみこと》
脚摩乳《あしなづち》
手摩乳《てなづち》
①大八洲国《おおやしまのくに》
②山川草木《やまかわくさき》
③天照大神《あまてらすおおみかみ》（大日孁貴《おおひるめのむち》）
④月神《つきのかみ》（月読尊《つくよみのみこと》）
⑤蛭児《ひるこ》
⑥素戔嗚尊《すさのおのみこと》
誓約
奇稲田姫《くしいなだひめ》
十握剣より
八坂瓊の五百箇の御統より
①田心姫《たこりひめ》
②湍津姫《たぎつひめ》
③市杵嶋姫《いちきしまひめ》
筑紫の胸肩君らが祭る神
（宗像三女神）
④正哉吾勝勝速日天忍穂耳尊《まさかあかつかちはやひあめのおしほみみのみこと》
⑤天穂日命《あめのほひのみこと》
出雲土師連の先祖
⑥天津彦根命《あめつひこねのみこと》
⑦活津彦根命《いくつひこねのみこと》
⑧熊野橡樟日命《くまののくすびのみこと》
大己貴神《おおあなむちのかみ》

当初、筆者はこの「出雲」はその（出雲地方の）「出雲」ではなく、別の場所を指しているのではないかと考えた。例えば、いつも雲の湧いてくる方面の地域を「出雲」と呼んでいたのではないかというような論である。そう考えたのは、『日本書紀』神代の物語の舞台スケール感が、（高天原の所在地を九州とみれば）出雲地方にまで及ぶようには思えず、もっと狭い地域の物語に思えていたからである。

そのスケール感という縛りはまだ完全には解けていないが、この「出雲」は出雲地方でなければならないと考えるようになった。『日本書紀』編纂者が、編纂当時に広く認識されていた「出雲」とは異なる場所を「出雲」と記すような、混乱を招きかねない記述はしないだろうと推測したからである。

では、この出雲国における八岐大蛇説話をどのように考えればよいだろうか。それは、本章で『日本書紀』の本文が描く神代の事実をひと通り概観してからの考察になる。ただここでいえるのは、素戔鳴尊は出雲を中心とした日本海沿岸に勢力を誇った人物（神）だったのではないかということである。誓約により素戔鳴尊が生んだとされるのが宗像三女神というのも暗示的ではないだろうか。

また、この神話に登場する八岐大蛇の描写については、たたら製鉄をモチーフに創作されたという説が有力である。八岐大蛇の容貌は、目が赤酸醤《あかかがち》（ほおずきのこと）のようであり、背中に松や柏が生え、身体は八つの丘と八つの谷に広がっていたとされる。それは、山間部で広く行われていたたたら製鉄の炉から立ちのぼる炎を表しているとみる説である。

そうであれば、この説話の舞台は古代にたたら製鉄の中心地であった出雲地方と考えるのが妥当であろう。もちろん、筆者の考える神代の時代（三世紀以前）に、たたら製鉄が行われていなかった可能性を認めたうえでの話である。

ここまでが『日本書紀』の第一巻に記された「神代上《かみのよのかみのまき》」である。続いて物語は第二巻「神代下《かみのよのしものまき》」に移る。

大己貴神の国譲り

天照大神の子である天忍穂耳尊《あめのおしほみみのみこと》は、高皇産霊尊《たかみむすひのみこと》の娘である栲幡千千姫《たくはたちぢひめ》を妻とし、天津《あまつ》彦彦火瓊瓊杵尊《ひこひこほのににぎのみこと》（以下、瓊瓊杵尊）が生まれる。

高皇産霊尊はこの孫を可愛がり、葦原中国の主《きみ》にしたいと考える。しかし、葦原中国には蛍火のように輝く神や蝿《はえ》のように騒々しいよくない神々がいた。そこで、多くの神々を召集して、「葦原中国を平定しようと思うが、誰を遣わしたらよいだろう」と問うのである。

まず、最初に名前があがったのは天穂日命《あまのほひのみこと》である。そこで天穂日命を行かせるが、天穂日命は大己貴神《おおあなむちのかみ》におもねって、三年経っても帰ってはこない。続けて、その子の大背《おおせ》飯三熊之大人《びみくまのうし》を遣わすが、この神もまた父におもねって何の報告もしてこなかった。

次に遣わされるのが天国玉《あまつくにたま》の子の天稚彦《あめのわかひこ》である。天鹿児弓《あまのかごゆみ》と天羽羽矢《あまのははや》を授けられて遣わされる。しかし、この神も大己貴神の娘の下照姫《したてるひめ》を妻として「私も葦原中国を治めようと思う」といって復命しなかった。

そこで、高皇産霊尊は無名雉《ななしきぎし》に様子を見にいかせるが、天稚彦は天鹿児弓と天羽羽矢で雉を射殺してしまう。その矢は雉の胸を通って高皇産霊尊の元に至る。それで、その矢を取って投げ下ろされると、飛んで天稚彦の胸に当たり、天稚彦は死んでしまうのである。

さて、改めて神々が集い、次に葦原中国に遣わすべき者として選んだのが経津主神《ふつぬしのかみ》であり、それに同行することになるのが武甕槌神《たけみかづちのかみ》である。

この二柱の神は、出雲の国の五十田狭《いたさ》の小汀《おはま》に降りられ、十握剣を倒《さかしま》に地面に突き刺して、その剣先に座って、大己貴神に国譲りを迫る。

大己貴神は、子の事代主神《ことしろぬしのかみ》に相談すると答える。そのとき、事代主神は出雲の三穂碕《みほのみさき》におられたので、使いをやって高皇産霊尊の勅《みことのり》を伝えたとされる。

すると、事代主神は「天神の勅に父は従うべきです。私もまた従います」と言って、海中に去ってしまう。

その報告を聞いた大己貴神は、「わが子は既に去ってしまった。私も去りましょう」と言い、国を平定したときに用いた矛を二柱の神に奉り「天孫がこの矛を用いて国を治められたら、必ず平安になるでしょう」と告げて、ついに隠れてしまわれるのである。

これにより、大己貴神の国譲りは完結することとなる。

ここで、国譲りの説話に登場する神々を系図に書き加えてみる（図表13）。

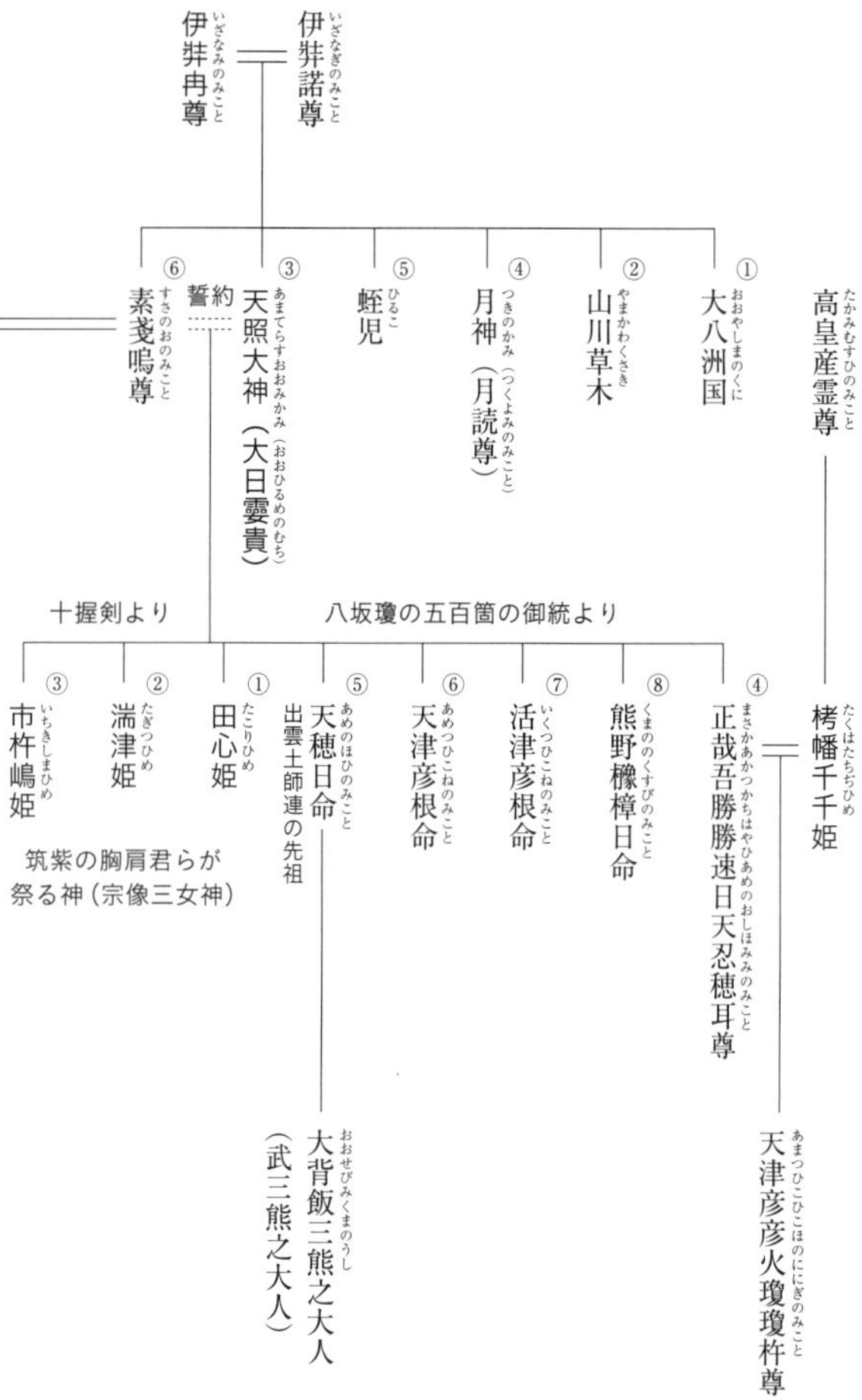

高皇産霊尊《たかみむすひのみこと》
栲幡千千姫《たくはたちぢひめ》
伊弉諾尊《いざなぎのみこと》
伊弉冉尊《いざなみのみこと》
①大八洲国《おおやしまのくに》
②山川草木《やまかわくさき》
④月神《つきのかみ》（月読尊《つくよみのみこと》）
⑤蛭児《ひるこ》
③天照大神《あまてらすおおみかみ》（大日孁貴《おおひるめのむち》）
誓約
⑥素戔嗚尊《すさのおのみこと》
八坂瓊の五百箇の御統より
十握剣より
④正哉吾勝勝速日天忍穂耳尊《まさかあかつかちはやひあめのおしほみみのみこと》
⑧熊野櫲樟日命《くまののくすびのみこと》
⑦活津彦根命《いくつひこねのみこと》
⑥天津彦根命《あめつひこねのみこと》
⑤天穂日命《あめのほひのみこと》
出雲土師連の先祖
①田心姫《たこりひめ》
②湍津姫《たぎつひめ》
③市杵嶋姫《いちきしまひめ》
筑紫の胸肩君らが
祭る神（宗像三女神）
天津彦彦火瓊瓊杵尊《あまつひこひこほのににぎのみこと》
大背飯三熊之大人《おおせびみくまのうし》
（武三熊之大人）

この国譲りであるが、「葦原中国」の国譲りなのか、それとも「出雲国」の国譲りなのか、とてもあいまいな記述となっている。

まず、物語は高皇産霊尊が「葦原中国」を平定しようと考えるところから始まる。天穂日命・武三熊之大人親子が遣わされた先は明記されていないが、文脈から考えると

図表13　神代の系譜

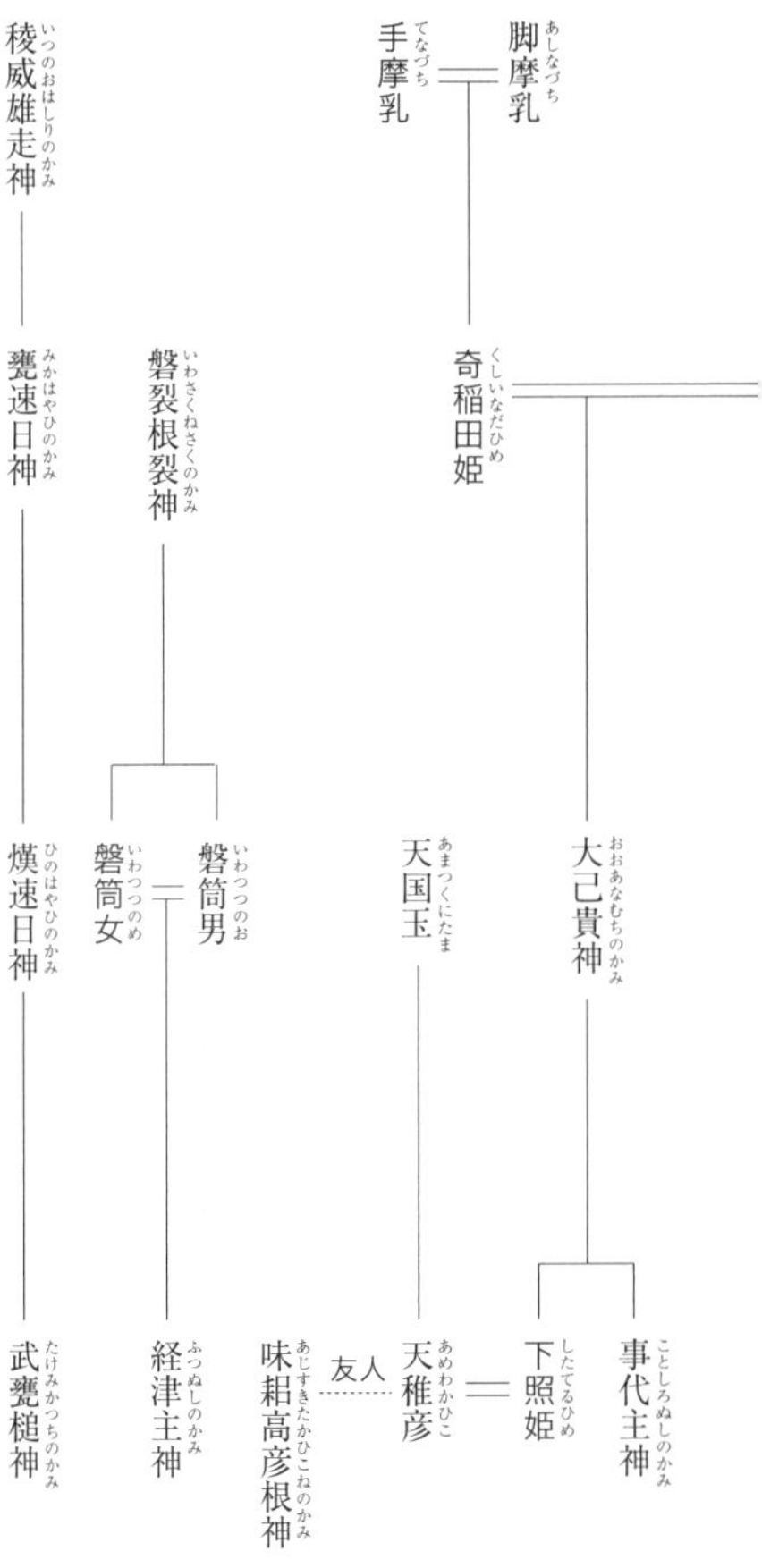

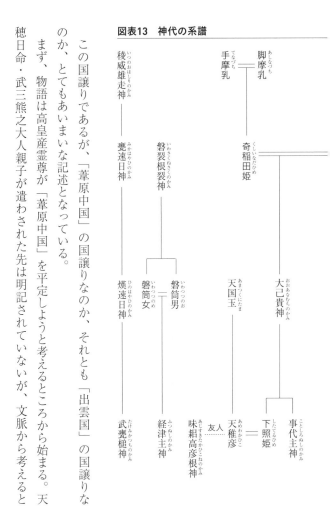

「葦原中国」で間違いないだろう。しかし、その地を治めている神は大己貴神である。大己貴神は素戔嗚尊の子で、八岐大蛇の説話からすると明らかに「出雲国」にいる神である。

次に派遣される天稚彦が下照姫と留まったのは「葦原中国」と明記されている。経津主神と武甕槌神が向かったのは「葦原中国」だが、到着するのは「出雲国」の五十田狭の小汀である。そこにいるのは大己貴神であり、その子の事代主神も「出雲国」にいたと記されている。

これらの記述から読み取れるのは、「葦原中国」のなかに「出雲国」があるというイメージだろうか。そして、「出雲国」にいる大己貴神と事代主神が、「葦原中国」を治めているという風に解釈できる。

しかし、国譲りのあとに瓊瓊杵尊が降臨されるのが「日向」であることを考えると、何か違和感の残る設定になっていると思わざるをえない。加えて、大己貴神や事代主神は、高皇産霊尊が平らげようとされたよくない神(原文では「邪鬼」)のイメージにそぐわない。

また、『日本書紀』では国譲りを主導する神は高皇産霊尊となっているが、『古事記』では天照大神となっている。さらに、『古事記』が多くの誌面をさいて語る、因幡《いなば》の白ウサギをはじめとする大穴牟遅神《おおあなむじのかみ》の結婚にまつわる幾多の困難に関する説話は、『日本書紀』にはまったく書かれていない。『日本書紀』の「出雲国」に対するスタンスは、『古事記』とは大きく異なっているようにみえる。

天孫降臨

経津主神《ふつぬしのかみ》と武甕槌神《たけみかつちのかみ》を派遣して葦原中国（出雲国）を平定された高皇産霊尊《たかみむすひのみこと》は、当初の目的通り瓊瓊杵尊《ににぎのみこと》を葦原中国へ降らせる。

天磐座《あまのいわくら》を出発した皇孫・瓊瓊杵尊は、天八重雲《あめのやえたなぐも》を押し分けて道を進みに進んで日向《ひむか》の襲《そ》の高千穂峯に天降《あまくだ》られる。

そこから槵日《くしひ》の二上《ふたかみ》の天浮橋《あまのうきはし》を降りて、浮島の平らなところに降り立つ。さらに、荒れた不毛の地を丘伝いに行き、よい国を求めてついに吾田《あた》の長屋《ながや》の笠狭碕《かささのみさき》に到着されるのである。

これは日本神話のクライマックスのひとつといえる「天孫降臨」の場面だが、『日本書紀』本文では記述は極めて簡潔なものとなっている。

『日本書紀』の一書曰《あるふみにいわく》（異伝）や『古事記』において言及されている「天照大神が瓊瓊杵尊に三種の神器を授ける話」や「天鈿女命《あめのうずめのみこと》（『古事記』では天宇受売神）と猿田彦神《さるたひこのかみ》（『古事記』では猿田毗古神）の問答」などは出てこない。『日本書紀』本文を読む限り、大したエピソードもなく淡々としたものであり、ある意味拍子抜けの感も否めない。

この「高千穂」については、宮崎県北部の高千穂町と、鹿児島県から宮崎県にまたがる霧島連山の高千穂峰というふたつの所在候補地が昔から争っている。それも大きな問題なのだが、もうひとつ別に大きな疑問が存在する。

それは、瓊瓊杵尊の降臨地についてである。なぜ出雲国ではなく日向なのかということである。

前節「大己貴神の国譲り」では、葦原中国を治めていた大己貴神と事代主神《ことしろぬしのかみ》の親子神は出雲国にいて、そこで国譲りに同意されたことになっている。天孫降臨の前段階としての国譲りが本当であるとしたら、瓊瓊杵尊はまず出雲国へ向かうのが筋ではないだろうか。それが、いきなり登場する「日向」へ天降るのでは、まったく脈絡がないといえる。次章以降の検証になるが、「国譲り」と「天孫降臨」はふたつの別々の伝承をつないで創作されたようにみえる。国譲りをして去って行ってしまうから当然といえば当然であるが、素戔嗚尊・大己貴神・事代主神という出雲の系譜がここで途絶えてしまうというのも気になるところであろう。

それらの疑問点はいったん留保して、その先を見ていこう。

吾田の長屋の笠狭碕に着いた瓊瓊杵尊の前に、事勝国勝長狭《ことかつくにかつながさ》という人物が現れる。「ここに国はあるのか否か」と聞かれた事勝国勝長狭は「国はあります。心のままにどうぞ」と答え、瓊瓊杵尊はそこに留まることになる。

その国で、瓊瓊杵尊はひとりの美人に出逢う。名前は鹿葦津姫《かしつひめ》、一般には木花開耶姫《このはなさくやひめ》という名前で知られる姫である。天神《あまつかみ》が大山祇神《おおやまつみのかみ》を娶って生まれた子とされている。

瓊瓊杵尊が鹿葦津姫を娶ると、なんと姫は一夜で妊娠する。しかし、瓊瓊杵尊は本当に我が子かを疑ってしまう。そこで、鹿葦津姫は「天孫（瓊瓊杵尊）の子であれば焼け死ぬことはない」と誓約をして、火をつけた室のなかで出産に臨むこととなる。結果、

伊弉諾尊《いざなぎのみこと》 ＝ 伊弉冉尊《いざなみのみこと》

- ① 大八洲国《おおやしまのくに》
- ② 山川草木《やまかわくさき》
- ③ 天照大神《あまてらすおおみかみ》（大日孁貴《おおひるめのむち》）
- ④ 月神《つきのかみ》（月読尊《つくよみのみこと》）
- ⑤ 蛭児《ひるこ》
- ⑥ 素戔嗚尊《すさのおのみこと》

天照大神 …… 誓約 …… 素戔嗚尊

八坂瓊の五百箇の御統より

- ④ 正哉吾勝勝速日天忍穂耳尊《まさかあかつかちはやひあめのおしほみみのみこと》
- ⑧ 熊野櫲樟日命《くまののくすびのみこと》
- ⑦ 活津彦根命《いくつひこねのみこと》
- ⑥ 天津彦根命《あめつひこねのみこと》
- ⑤ 天穂日命《あめのほひのみこと》 出雲土師連の先祖
  - 大背飯三熊之大人《おおせびみくまのうし》（武三熊之大人）

十握剣より

- ① 田心姫《たこりひめ》
- ② 湍津姫《たぎつひめ》
- ③ 市杵嶋姫《いちきしまひめ》

筑紫の胸肩君らが祭る神（宗像三女神）

高皇産霊尊《たかみむすひのみこと》
- 栲幡千千姫《たくはたちぢひめ》 ＝ 正哉吾勝勝速日天忍穂耳尊
  - 天津彦彦火瓊瓊杵尊《あまつひこひこほのににぎのみこと》

天神《あまつかみ》 ＝ 大山祇神《おおやまつみのかみ》
- 鹿葦津姫《かしつひめ》（木花之開耶姫《このはなのさくやひめ》）

天津彦彦火瓊瓊杵尊 ＝ 鹿葦津姫

- ③ 火明命《ほのあかりのみこと》 尾張連らの始祖
- ① 火闌降命《ほのすそりのみこと》 隼人らの始祖
- ② 彦火火出見尊《ひこほほでみのみこと》

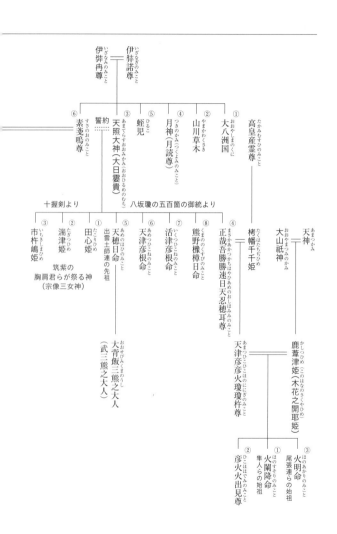

■図表14　神代の系譜

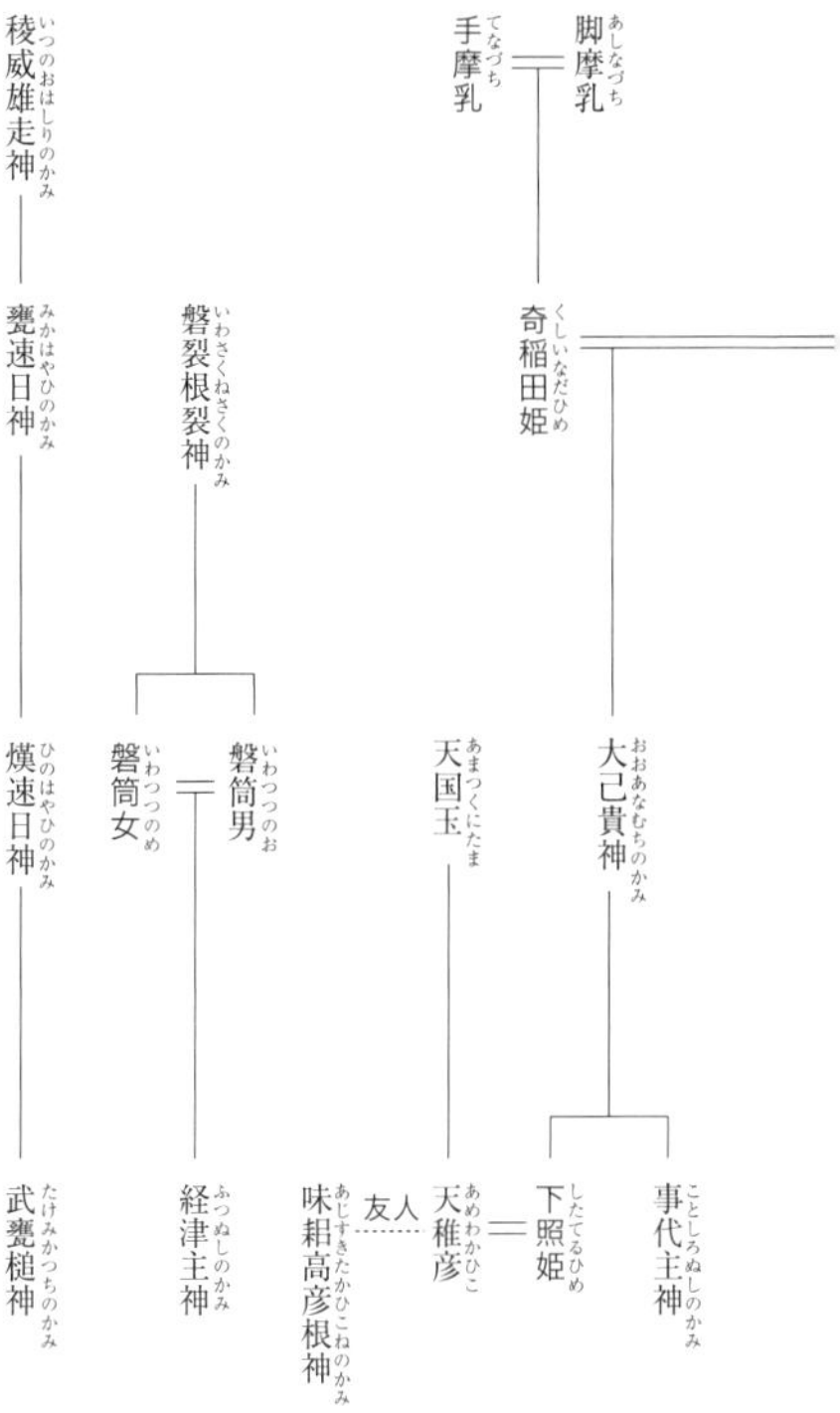

無事に三人の御子が生まれる。

それが、上から順に、火闌降命《ほのすそりのみこと》、彦火火出見尊《ひこほほでみのみこと》、火明命《ほのあかりのみこと》である。その三人を系図に追加すると図表14のようになる。

次男の彦火火出見尊は、筆者が初代天皇だと考えている人物である。ちなみに、長男の火闌降命は隼人《はやと》らの始祖、三男の火明命は尾張連《おわりのむらじ》らの始祖とされている。

それからしばらくして、天孫降臨の主人公となった瓊瓊杵尊は崩御される。筑紫日向《つくしのひむか》可愛之山陵《のえのやまのみささぎ》に葬られたとされる。それがどこなのか、いくつか説はあるようだが、現在のところ所在地は不明となっている。

海幸彦と山幸彦

昔から親しまれている神話に登場する「海幸彦《うみさちひこ》」と「山幸彦《やまさちひこ》」の兄弟だが、じつはこの名前は『日本書紀』本文には出てこない。「兄の火闌降命はもともと海の幸を得る力があった」「弟の彦火火出見尊はもともと山の幸を得る力があった」と記されるのみである。

つまり、このふたりは先に見た瓊瓊杵尊の長男と次男である。『日本書紀』の一書曰（異伝）が「海幸彦」「山幸彦」と呼び、『古事記』が「海佐知毗古《うみさちびこ》」「山佐知毗古《やまさちびこ》」と呼んでいて、それが覚えやすさも手伝って神話の主人公名として定着したものと思われる。

この兄弟の物語は、それぞれの幸を得るための釣針と弓矢を、取り替えてみるところから始まる。火闌降命が弓矢を、彦火火出見尊が釣針を試すが、ともに幸を得ることはできなかった。そこで、兄の火闌降命は弓矢を弟の彦火火出見尊に返して、自分の釣針を返してくれという。

しかし、彦火火出見尊は兄の釣針をなくしてしまっていたのである。彦火火出見尊は自分の太刀から箕《みの》一杯の釣針を作って返そうとするが、火闌降命は「自分の元の釣針でなければ受け取れない」とますます弟を責める。

それで、彦火火出見尊が海辺で嘆き悲しんでいると、塩土老翁《しおつつのおじ》が現れて、「どうしてこんなところで悲しんでいるのか」と尋ねる。

彦火火出見尊がすべてを話すと、「私があなたのために考えましょう」といって無目籠《まなしかたま》という乗り物を作り、それに彦火火出見尊を入れて海に沈める。

すると不思議なことに、たちまち海神《わたつみ》の宮に着く。その宮は立派で、高殿は光り輝いている。彦火火出見尊がその門のあたりをよろよろと歩いていると、ひとりの美人（海神の娘）の目にとまり内に導き入れられる。

そして、彦火火出見尊がここに来たわけを話すと、海神は大小の魚たちを集めて問い

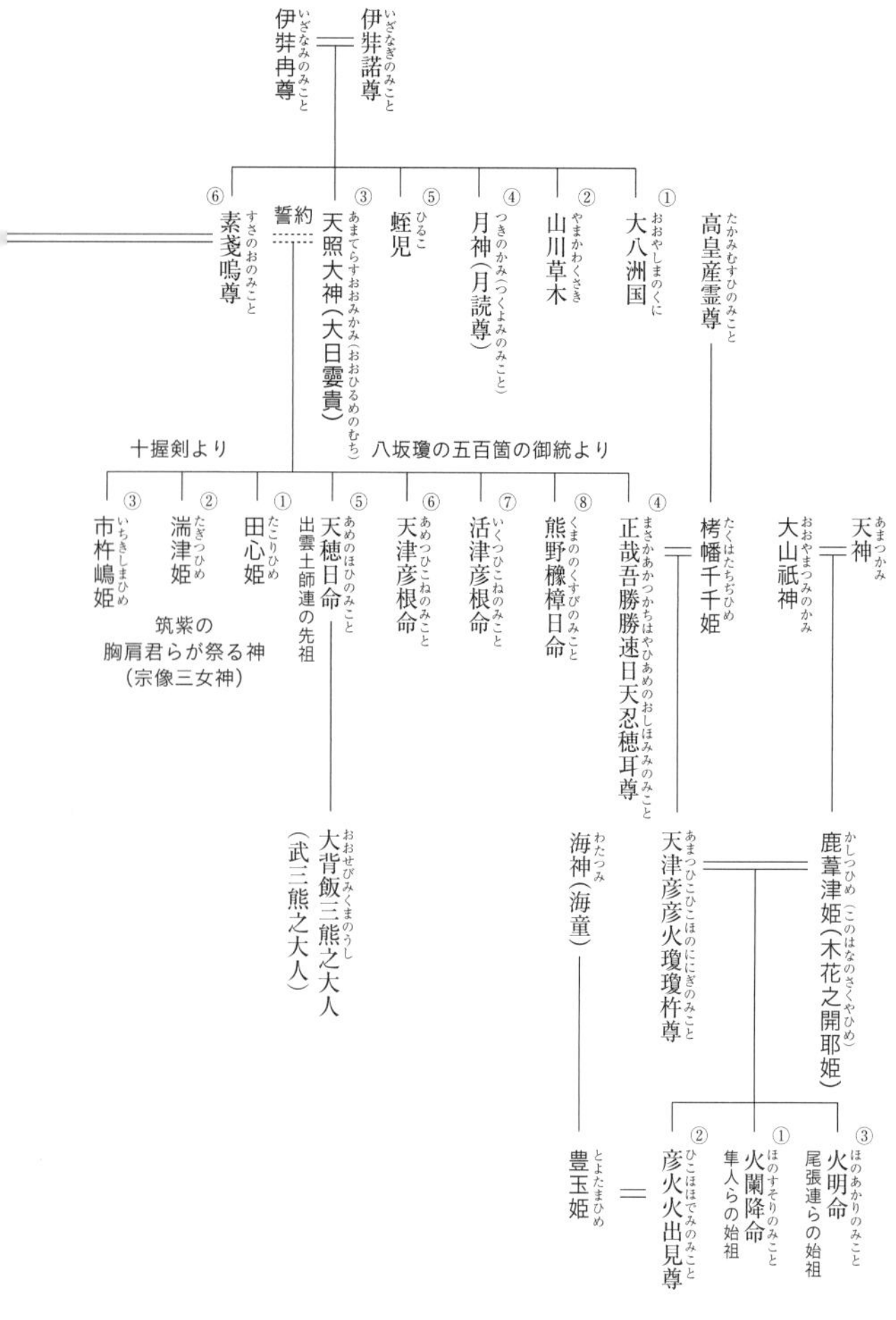
伊弉諾尊《いざなぎのみこと》
伊弉冉尊《いざなみのみこと》
高皇産霊尊《たかみむすひのみこと》
①大八洲国《おおやしまのくに》
②山川草木《やまかわくさき》
④月神《つきのかみ》（月読尊《つくよみのみこと》）
⑤蛭児《ひるこ》
③天照大神《あまてらすおおみかみ》（大日孁貴《おおひるめのむち》）
誓約
⑥素戔嗚尊《すさのおのみこと》
八坂瓊の五百箇の御統より
十握剣より
天神《あまつかみ》
大山祇神《おおやまつみのかみ》
栲幡千千姫《たくはたちぢひめ》
④正哉吾勝勝速日天忍穂耳尊《まさかあかつかちはやひあめのおしほみみのみこと》
⑧熊野櫲樟日命《くまののくすびのみこと》
⑦活津彦根命《いくつひこねのみこと》
⑥天津彦根命《あめつひこねのみこと》
⑤天穂日命《あめのほひのみこと》
出雲土師連の先祖
①田心姫《たこりひめ》
②湍津姫《たぎつひめ》
③市杵嶋姫《いちきしまひめ》
筑紫の
胸肩君らが祭る神
（宗像三女神）
鹿葦津姫《かしつひめ》（木花之開耶姫《このはなのさくやひめ》）
天津彦彦火瓊瓊杵尊《あまつひこひこほのににぎのみこと》
海神《わたつみ》（海童）
大背飯三熊之大人《おおせびみくまのうし》
（武三熊之大人）
③火明命《ほのあかりのみこと》
尾張連らの始祖
①火闌降命《ほのすそりのみこと》
隼人らの始祖
②彦火火出見尊《ひこほほでみのみこと》
豊玉姫《とよたまひめ》

■図表15　神代の系譜

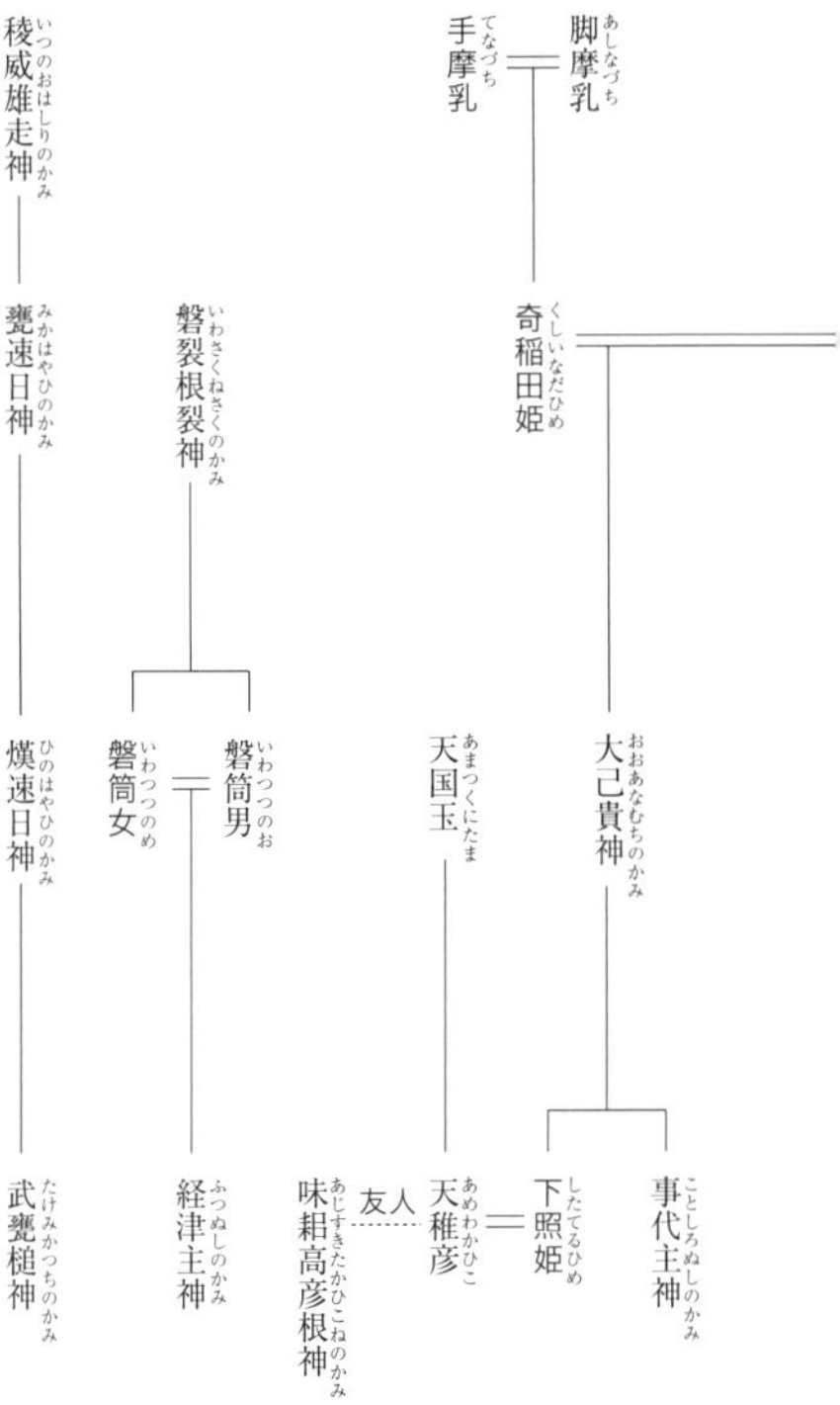

ただす。すると、皆が「赤目（鯛）がこの頃口の病で来ていません」という。そこで、赤目を呼んで調べると火闌降命の釣針が見つかるのである。

その後、彦火火出見尊は海神の娘の豊玉姫《とよたまひめ》を妻とし、三年間、海宮《わたつみのみや》に留まることになる。系図に豊玉姫を書き入れると図表15のようになる。

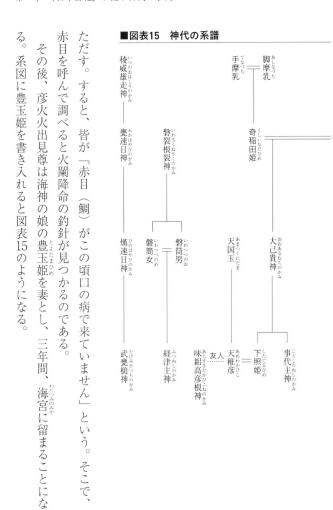

海宮では安らかで楽しい日々が続くが、彦火火出見尊には郷《くに》を思う心もあり、時にひどく嘆くことがあった。その思いを豊玉姫が父の海神に伝えると、海神は彦火火出見尊に「天孫が郷に帰りたいのならお送りします」と申し出る。

彦火火出見尊の帰還にあたって、海神は赤目の口から見つかった釣針を渡して、「この針をあなたの兄に渡すときに、密かに針に『貧釣《まじち》』と言ってから渡しなさい」と教える。まじないの呪文である。また、潮満玉《しおみちのたま》と潮涸玉《しおひのたま》を授けて、「潮満玉を水につけると潮はたちまち満ちます。これであなたの兄を溺れさせ、もし兄が悔いて救いを求めれば、潮涸玉を水につければ潮が自然に引くのでこれで救いなさい。このように攻め悩ませれば、兄はおのずと降伏するでしょう」と伝える。

彦火火出見尊は宮に帰還したのち、ひたすら海神の教えに従って行動する。すると、兄の火闌降命は厄災に悩まされて降伏し、「今後、私はあなたの俳優《わざおき》の民となり仕えます」と許しを乞うのである。これに対して彦火火出見尊が許して海幸山幸神話は一段落する。

それに続けて、「火闌降命は吾田君小橋《あたのきみおばし》らの遠祖である」と一文が付されている。吾《あ》田国《たのくに》は現在の鹿児島県にあったとされ、前段の火闌降命誕生の一節で注記されている「隼人らの始祖」とも整合している。

さて、この「海幸彦」と「山幸彦」の争いだが、単なる兄弟喧嘩《げんか》の枠を超え、一族と一族の戦いのようにも見えてくる。山の部族と浜辺の部族の対立である。最初は浜辺の部族が優勢だったが、山の部族が海の部族（海人族）と結んで反攻する。山の部族は、海人族の持っていた潮の流れや潮の干満に関する知識などを活用して浜辺の部族を悩ませ、困窮させてついには降伏させるのである。

何かそれに類するような伝承がこの説話のモチーフになっているようにも思われる。

彦波瀲武鸕鷀草葺不合尊

さて、火闌降命（海幸彦）と彦火火出見尊（山幸彦）の説話のなかで、彦火火出見尊がまさに海宮《わたつみのみや》から帰還しようとするそのときのことである。

妻の豊玉姫が彦火火出見尊に「私は妊娠しています。間もなく生まれます。私は波風の強い日に海浜に出ますから、私のために産屋《うぶや》を作って待っていてください」と伝える。

そして、彦火火出見尊が兄の火闌降命を降伏させたのちに、豊玉姫は約束通り海辺にやってくる。側には妹の玉依姫《たまよりひめ》を連れていた。

さて、子を産むに臨んで、豊玉姫は「どうか見ないように」と頼む。しかし、彦火火出見尊は我慢できずに密かに覗《のぞ》きに行ってしまうのである。すると、豊玉姫は出産のときに竜になっていた。

豊玉姫はそれを大変恥じて、「もし私を恥ずかしめなければ、海と陸は相通じて永く隔絶することはなかったでしょう。しかし、恥をかかされてどうして睦まじくできるでしょうか」といって、生まれた子を海辺に棄てて、海途《うみのみち》を閉じてすぐに帰ってしまうのである。

豊玉姫は海宮へ帰ってしまうが、子は残された。

その子には、彦波瀲武鸕鷀草葺不合尊《ひこなぎさたけうがやふくあえずのみこと》という何やらしかつめらしい名前が付けられることとなる。大意は「海辺で、産屋が葺《ふ》き上げられるのが間に合わずに生まれた御子」というようなものである。

『日本書紀』は、その後久しくして彦火火出見尊が崩御されたと続ける。御陵は日《ひ》向高《むかのたか》屋山上陵《やのやまのうえのみささぎ》だとされている。現在まで場所は特定されていない。

彦火火出見尊の子であり、神武天皇の父となる彦波瀲武鸕鷀草葺不合尊だが、この神については系譜が語られるだけのわずかな言及にとどまっている。全文でも以下のようなものである。


彦波瀲武鸕鷀草葺不合尊は姨《おば》の玉依姫《たまよりひめ》を妃《みめ》とされた。まず、彦五瀬命《ひこいつせのみこと》を生まれた。次に稲飯命《いなひのみこと》、次に三毛入野命《みけいりののみこと》、次に神日本磐余彦尊《かむやまといわれびこのみこと》敬。全部で四柱の男神を生まれた。久しくしてのちに彦波瀲武鸕鷀草葺不合尊は西洲《にしのくに》の宮で崩御された。そこで、日向吾平山上《ひむかのあひらのやまのうえの》陵《みささぎ》に葬った。


これで『日本書紀』第二巻の「神代下」は終わる。

以上が『日本書紀』の描く神代の世界である。続く第三巻では神武東征を経て神武天皇の治世に入っていくこととなる。

神代の系譜もこれで完成することになる（図表15）。

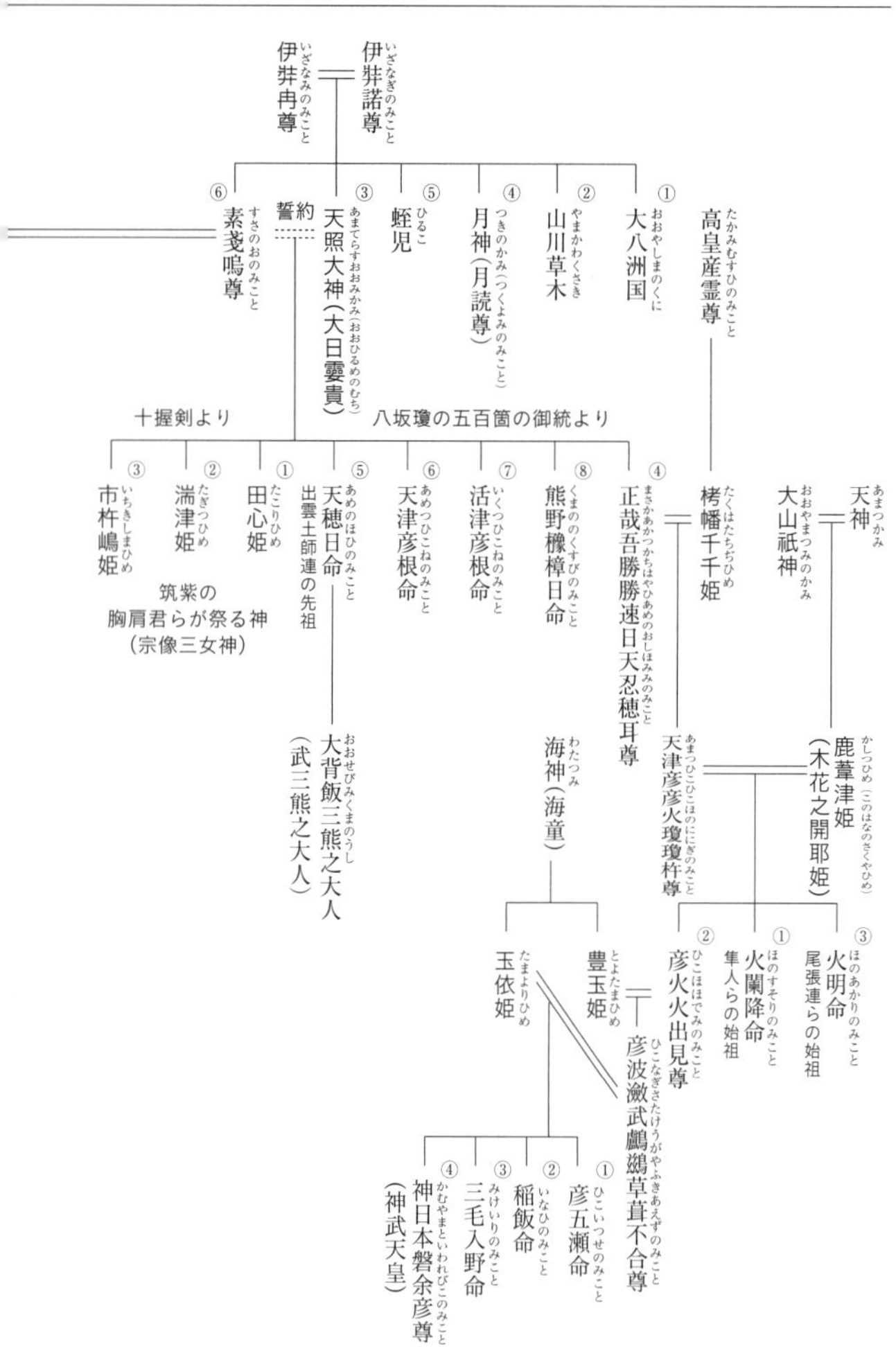
伊弉諾尊《いざなぎのみこと》
伊弉冉尊《いざなみのみこと》
高皇産霊尊《たかみむすひのみこと》
① 大八洲国《おおやしまのくに》
② 山川草木《やまかわくさき》
④ 月神《つきのかみ》（月読尊《つくよみのみこと》）
⑤ 蛭児《ひるこ》
③ 天照大神《あまてらすおおみかみ》（大日孁貴《おおひるめのむち》）
誓約
⑥ 素戔嗚尊《すさのおのみこと》
八坂瓊の五百箇の御統より
十握剣より
④ 正哉吾勝勝速日天忍穂耳尊《まさかあかつかちはやひあめのおしほみみのみこと》
⑧ 熊野櫲樟日命《くまののくすびのみこと》
⑦ 活津彦根命《いくつひこねのみこと》
⑥ 天津彦根命《あめつひこねのみこと》
⑤ 天穂日命《あめのほひのみこと》
出雲土師連の先祖
① 田心姫《たごりひめ》
② 湍津姫《たぎつひめ》
③ 市杵嶋姫《いちきしまひめ》
筑紫の
胸肩君らが祭る神
（宗像三女神）
大背飯三熊之大人《おおせびみくまのうし》
（武三熊之大人）
海神《わたつみ》（海童）
栲幡千千姫《たくはたちぢひめ》
天神《あまつかみ》
大山祇神《おおやまつみのかみ》
天津彦彦火瓊瓊杵尊《あまつひこひこほのににぎのみこと》
鹿葦津姫《かしつひめ》（木花之開耶姫《このはなのさくやひめ》）
③ 火明命《ほのあかりのみこと》
尾張連らの始祖
① 火闌降命《ほのすそりのみこと》
隼人らの始祖
② 彦火火出見尊《ひこほほでみのみこと》
豊玉姫《とよたまひめ》
玉依姫《たまよりひめ》
彦波瀲武鸕鷀草葺不合尊《ひこなぎさたけうがやふきあえずのみこと》
① 彦五瀬命《ひこいつせのみこと》
② 稲飯命《いなひのみこと》
③ 三毛入野命《みけいりのみこと》
④ 神日本磐余彦尊《かむやまといわれびこのみこと》
（神武天皇）

■図表16　神代の系譜（完成）

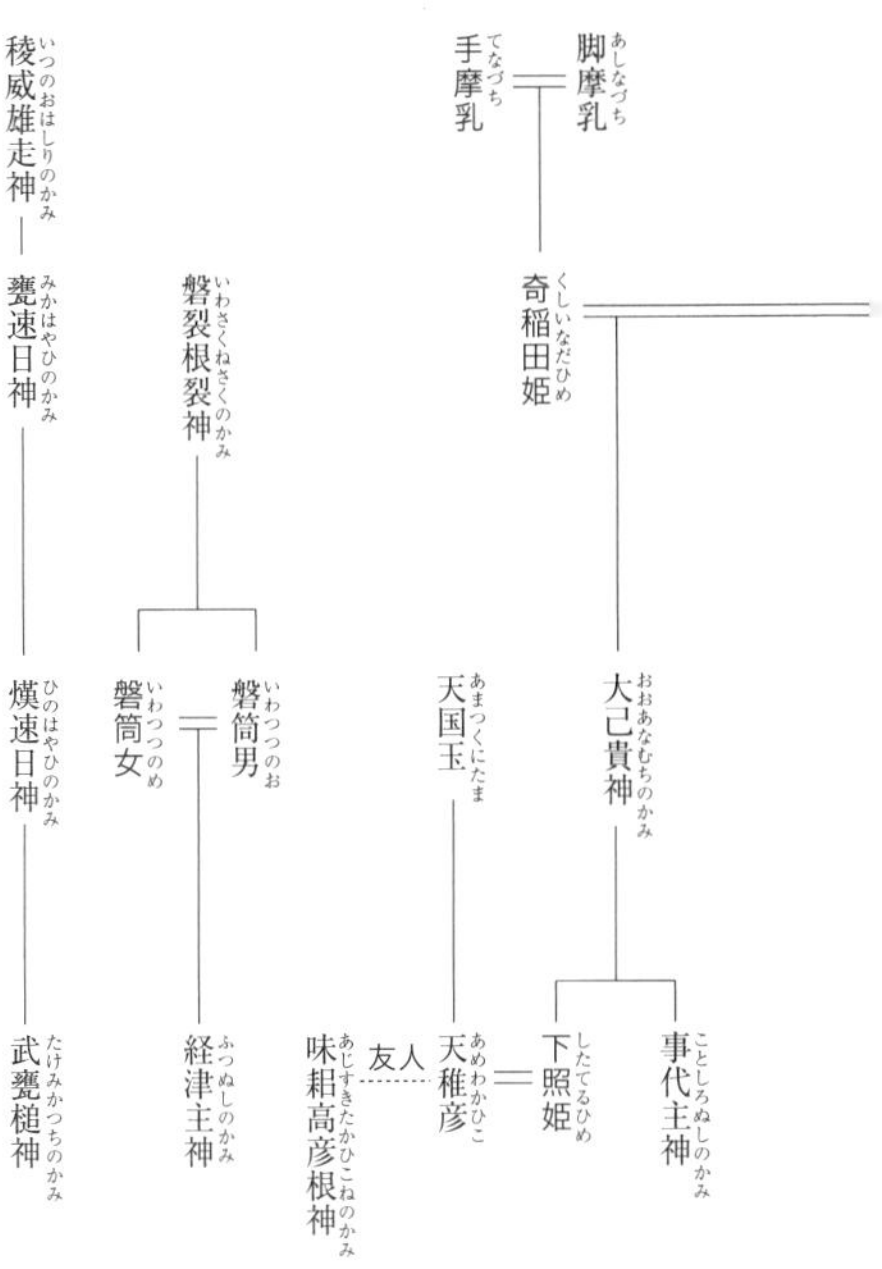

本章の最後に、神代の本文を読んできて、気になる点をふたつ挙げておく。
ひとつは「高皇産霊尊《たかみむすひのみこと》」の存在である。
『日本書紀』は冒頭の分注で次のように記している。

至貴曰尊　自余曰命　並訓美挙等也　下皆効此
（たいへん貴《とうと》い方を「尊」という。その他の方を「命」という。ともに「みこと」と読む。以下すべてこれに倣《なら》う）

高皇産霊尊は伊弉諾尊・伊弉冉尊につながる系譜ではなく、瓊瓊杵尊の母方の祖父という存在でありながら「尊」という字が与えられている。それは、天孫降臨という大役を果たした瓊瓊杵尊の祖父だったからだろうか。それとも、天孫降臨を可能にした葦原中国の平定を指揮したからだろうか（一般的に『古事記』の記述が採用され、葦原中国の平定は天照大神が指揮したとされるが、『日本書紀』では高皇産霊尊の功績だとする）。

また、『日本書紀』の異伝（一書曰）には、高天原に生まれた神として天御中主尊《あめのみなかぬしのみこと》、高皇産霊尊、神皇産霊尊《かみむすひのみこと》という三柱の神の名が見える。

この異伝と呼応するように、『古事記』は先に見た特別な五神のうち、より原初の神として三神を記す。造化三神《ぞうかさんしん》といわれるすべての根源とされる神々である。『古事記』は物語の最初、天地創成の冒頭を次のように書き始めている。

天と地が初めてひらけた時に、天上世界に出現した神の名は、天之御中主神《あめのみなかぬしのかみ》。次に高御《たかみ》産巣日神《むすひのかみ》。次に神産巣日神《かみむすひのかみ》。この三柱の神は、それぞれ一神としての単独神でおいでになって、その姿を顕らかになさることがなかった。

（『新版古事記』角川ソフィア文庫より引用）

高御産巣日神は、高天原に最初に出現した三神のひとりとされている。その一方、「姿を現さなかった」という謎めいた一文が付されていて、続く文章もこの三神とは何の関連性も見られない。この三神がなぜすべての神々のなかで最高位を占め、『古事記』の冒頭を飾らなければならないのか。その蓋然性《がいぜんせい》がまったく感じられないのである。裏返せば、このような不可解な構成にしてまでも、冒頭に記さなければならない重要な神々だったといえるだろう。

とにかく『日本書紀』本文では、高皇産霊尊は「大変貴い方」とされ、重要な役割を与えられている。皇祖神として伊勢神宮の内宮に祀られている天照大神と並ぶ存在感で、大変気になる神なのである。

もうひとつは「出雲」である。

先にも触れたが、『日本書紀』本文を読むと、国生み・神生みから天孫降臨、神武東征へつながるストーリーに、強引に出雲神話を挿入したような印象を受けるのである。

それはなぜなのか。

やはり出雲が神代最大の謎だといってよい。その謎が解けるとヤマト王権誕生以前の日本の姿が見えてくるのではないか。

そう願いつつ、次に進もう。

第二章

事代主神に託された神代解明の鍵

事代主神とは？

『日本書紀』の神代を概観して、神々の系譜も完成させた。書かれた筋書きもおおむね理解できた。

果たしてどこかに邪馬台国の痕跡はあっただろうか。それも含めて、具体的にどこから何を考察していけばよいかを思案していたとき、どうしても心にひっかかる神様がいた。

それが「事代主神《ことしろぬしのかみ》」である。

事代主神は、神代の時代の葦原中国《あしはらのなかつくに》（あるいは出雲）の国譲り神話に大己貴神《おおあなむちのかみ》（大国主命）の子として登場して、実質的に国譲りを決定するという重要な役回りをつとめている。その事代主神が『日本書紀』には幾度も登場するのである。

一般的に、事代主神は「恵比寿様《えびすさま》」あるいは「えべっさん」として古くから人々に親しまれてきた神である。商業の神、商売繁盛の神としてである。

一方、『日本書紀』では、素戔嗚尊《すさのおのみこと》の血をひく海の神という神性や、言葉の神、託宣の神という神性が強い。じつに多彩な面を持つ神なのである。

また、事代主神は国津神《くにつかみ》のなかでも特別な地位を与えられている。

神々には天津神《あまつかみ》と国津神がある。天津神は高天原《たかまがはら》にいた神々やそこから天降った神々である。一方、国津神はいわゆる「地」（「天」の概念に対する「地上」）に生まれた神々である。

天津神には前章で見た高皇産霊尊《たかみむすひのみこと》や天照大神、瓊瓊杵尊《ににぎのみこと》などがおり、国津神には事代主神やその父である大己貴神、大山祇神《おおやまつみのかみ》・鹿葦津姫《かしつひめ》（木花開耶姫《このはなさくやひめ》）の親娘などがいる。

例外的に高天原から天降った素戔嗚尊も国津神とされている。素戔嗚尊、大己貴神、事代主神と系譜は続くので、国津神の祖としてもよいだろう。それに、神代の本文を厳密に読むと素戔嗚尊は元々高天原にいたわけではない。

事代主神が特別な国津神というのは、国津神でただ一柱、宮中八神《きゅうちゅうはっしん》に名を連ねていることである。

宮中八神は、天皇および国家を守護されている神々で、皇居の宮中三殿《きゅうちゅうさんでん》に鎮座されている。宮中三殿は皇居内にある三つの神殿で、天照大御神を祀り神鏡を安置する賢所《かしこどころ》、歴代天皇の神霊を祀る皇霊殿《こうれいでん》、八神と天神地祇《てんしんちぎ》を祀る神殿《しんでん》をいう。平成から令和への御代替わりにおいて即位の礼をはじめ様々な儀式の執り行われた神聖な場所である。

八柱の神々は『延喜式《えんぎしき》』によると以下の通りである。

神産日神（かみむすひのかみ）
高御産日神（たかみむすひのかみ）
玉積産日神（たまるむすひのかみ）
生産日神（いくむすひのかみ）
足産日神（たるむすひのかみ）
大宮賣神（おおみやひめのかみ）
御食津神（みけつのかみ）
事代主神（ことしろぬしのかみ）

事代主神以外はすべて天津神とされる。ほかにも多くの天津神がいるなかで、唯一国津神の事代主神が入っている理由は不明だが、それほど重要な役割を果たす神だということは間違いない。

事代主神の登場場面

では、『日本書紀』において事代主神が登場する場面を順に見ていこう。

（一）神代下《かみよのしものまき》「国譲り」

これは前章でも見たが、簡単にまとめておこう。高皇産霊尊の主導のもと葦原中国に遣わされた経津《ふつ》主神《ぬしのかみ》と武甕槌神《たけみかつちのかみ》は、出雲の国で大己貴神に国を譲るように申し入れる。大己貴神は子供の事代主神に相談して決めると言い、出雲の三《み》穂碕《ほのみさき》にいた事代主神に使いを送る。事代主神は、抵抗せずに従ったほうがよいと返事をする。それを聞いた大己貴神は国を差し出すことを認め、自身は隠れてしまわれる。これにより国譲りは完結する。

この記述を見る限り、国譲りを決定したのは事代主神であったと考えてよいだろう。

（二）神武天皇即位前紀「媛蹈鞴五十鈴媛《ひめたたらいすずひめ》を正妃とする」段

神武天皇の東征は、天孫であり先に奈良盆地に入っていた饒速日命《にぎはやひのみこと》が義理の兄の長髄彦《ながすねひこ》を殺し、部下を率いて帰順したことでほぼ目的を達する。

その後、橿原の地で都造りに取りかかるのであるが、それと同時に正妃を立てようとして、貴族の娘を探される。すると、ある人が「事代主神が、三島溝橛耳神《みしまみぞくいみみのかみ》の女《むすめ》である玉櫛媛《たまくしひめ》と結婚して生まれた媛蹈鞴五十鈴媛という女性が容色に恵まれています」と奏上した。神武天皇は喜び、媛蹈鞴五十鈴媛を召して正妃とされる。

神武天皇は東征に出発する前に、日向国吾田邑《ひむかのくにあたのむら》の吾平津媛《あひらつひめ》を妃として、手研耳命《たぎしみみのみこと》をもうけていたが、東征後のヤマトで改めて正妃を立てられるのである。

この記述に、事代主神が媛蹈鞴五十鈴媛の父として登場する。つまり、神武天皇の岳父ということになる。

（三）綏靖天皇《すいぜいてんのう》紀「系譜説明」

第二代綏靖天皇紀冒頭に「神渟名川耳天皇《かむぬなかわみみのすめらみこと》（綏靖天皇のこと）は神武天皇の第三子である。母は媛蹈鞴五十鈴媛命といい、事代主神の長女である」と記されている。

ここで、改めて事代主神が前述（二）の通り神武天皇の皇后、媛蹈鞴五十鈴媛の父親であることが念押しされている。

（四）安寧天皇《あんねいてんのう》紀「系譜説明」

第三代安寧天皇紀冒頭に「磯城津彦玉手看天皇《しきつひこたまてみのすめらみこと》は綏靖天皇の太子である。母は五十鈴《いすず》依媛命《よりひめのみこと》といい、事代主神の次女である」と記されている。

第二代天皇に続いて、第三代天皇の母も事代主神の娘である。つまり、第二代天皇も第三代天皇も事代主神の孫であると書かれている。

（五）懿徳天皇《いとくてんのう》紀「系譜説明」

第四代懿徳天皇紀冒頭に「大日本彦耜友天皇《おおやまとひこすきとものすめらみこと》（懿徳天皇のこと）は安寧天皇の第二子である。母は渟名底仲媛命《ぬなそこなかつひめのみこと》といい、事代主神の孫である鴨王《かものきみ》の女《むすめ》である」と記されている。

　またまた事代主神の登場である。第四代天皇の母も事代主神の血を受け継ぐ女性であるとされている。ほとんど何も事績や出来事が記されない欠史八代の天皇紀に、これほどまでに言及される事代主神とは何者なのかと考えさせられる。

（六）神功皇后《じんぐうこうごう》摂政前紀「斎宮《いわいのみや》での神託」の段

　時代はくだって、第一四代仲哀天皇《ちゅうあいてんのう》の皇后であった神功皇后が摂政となる直前の話である。仲哀天皇は、叛乱《はんらん》を起こした熊襲《くまそ》を討伐するために、神功皇后とともに筑紫《つくし》に向かう。

　しかし、香椎宮《かしいのみや》で「熊襲より新羅《しらぎ》を服従させたほうがよい」という神託がある。仲哀天皇はそれに従わず熊襲を攻めるが、勝てずに戻る。そして、急病にかかって翌日には崩御されてしまう。

　それを受けて、神功皇后は小山田邑《おやまだのむら》に斎宮を造り、自ら神主となって仲哀天皇に託宣した神の名を聞こうとする。

そこで名の挙がる神々は、「伊勢の国の五十鈴の宮においでになる撞賢木《つきさかき》厳之《いつの》御魂《みたま》天《あま》疎向津《さかるむかつ》媛命《ひめのみこと》」「尾田の吾田節《あがたふし》の淡郡《あわのこおり》においでになる神」「天事代《あめにことしろ》虚事代《そらにことしろ》玉籤入彦《たまくしいりびこ》厳之《いつの》事代《ことしろの》神《かみ》」「日向国の橘の水底においでになる表筒男《うわつつのお》・中筒男《なかつつのお》・底筒男《そこつつのお》（住吉三神）」である。「天事代虚事代玉籤入彦厳之事代神」は事代主神のことであると思われる。ここでは純粋に託宣神として登場している。

（七）神功皇后摂政前紀「務古水門《むこのみなと》での占い」

仲哀天皇崩御後、神功皇后は自らが先頭に立って三韓征伐を成し遂げる。そして、大和へ凱旋しようとするが、神功皇后の子である誉田別皇子《ほむたわけのみこ》（のちの応神天皇）の即位を阻もうとする忍熊王《おしくまのみこ》が軍を率いて一行を待ち構える。

それを知った神功皇后は、皇子を武内宿禰《たけのうちのすくね》に預け紀伊水門《きいのみなと》に泊まらせるが、自身は真っ直ぐ難波を目指す。しかし、船が海中でぐるぐる回って進まない。

そこで、務古水門（武庫の港）に戻って占いをする。

すると、天照大神が「我が荒魂《あらみたま》を広田国に置け」と言われ、稚日女尊《わかひるめのみこと》が「自分は活田《いくたの》長峡国《ながおのくに》におりたい」と言われ、事代主尊（事代主神）は「自分を長田国に祀れ」と言われる。それに応えて、天照大神を山背根子《やましろのみこ》の女《むすめ》である葉山媛に、稚日女尊を海上《うなかみの》五十狭茅《いさち》に、事代主尊を葉山媛の妹の長媛に祀らせる。

続けて、表筒男・中筒男・底筒男の三神が「吾が和魂《にきみたま》を大津の渟中倉《ぬなくら》の長峡《ながお》に置けば、往来する船を見守ることができる」と教える。

そこで、いわれるままに鎮座していただくと、海は平穏になり、渡ることができるようになるのであるが、ここにも事代主尊（事代主神）が登場する。

（八）雄略天皇紀《ゆうりやくてんのう》四年条「葛城山での狩り」

雄略天皇は葛城山に狩りに行き、自身に容貌の似た背の高い人に会う。天皇は神であると思いつつ「どこの公《きみ》ですか？」と尋ねる。すると、背の高い人は「現人神《あらひとがみ》である。あなたが先に名乗れば、私も名を教えよう」と答える。

そこで天皇が「私は幼武尊《わかたけるのみこと》である」と告げると、「私は一事主神《ひとことぬしのかみ》である」と明かす。

その日、雄略天皇と一事主神は一日一緒に狩りを楽しみ、一事主神は雄略天皇を帰途の来目川《くめのかわ》までお送りしたと『日本書紀』は記している。

ただし、ここに登場する一事主神については、事代主神と同一の神とする説と別々の神であるとする説が併存する。

（九）天武天皇《てんむてんのう》紀元年条「壬申《じんしん》の乱での託宣」

一気に時代はくだるが、壬申の乱（六七二年）の記述にも事代主神が登場する。

ここで詳細は書ききれないが、将軍吹負《ふけい》の軍が近江軍に劣勢をしいられ金綱井《かなづなのい》に留まっていたときのことである。

高市県主許梅《たけちのあがたぬしこめ》が三日間口がきけなくなったのち、神懸かって次のように言う。

「吾は高市社《たけちのやしろ》にいる事代主神である。また、身狭社《むさのやしろ》にいる生霊神《いくみたまのかみ》である」

「神武天皇の山陵に馬や種々の武器を奉るがよい」

「吾は皇御孫命《すめみまのみこと》（大海人皇子《おおあまのみこ》）の前後を守り不破《ふわ》までお送りして帰ってきた。いまもまた軍のなかに立って護っている」

「西の道から敵の軍勢がやってくる。用心せよ」

このように天武天皇の軍に託宣をするのも事代主神なのである。

神としての事代主と実在としての事代主

『日本書紀』が事代主神に言及した九か所の記述について見てきた。事代主神には二種類の登場の仕方があることがわかる。

ひとつは、系譜に名を残す、しいていえば「実在の神」としての登場である。(一)から(五)がそれにあたる。その時代に生きて(存在して)いたということが明らかにわかる記述となっている。

それに対して、(六)(七)(九)はいわば「純粋な神」としての登場である。時代を超えて歴史上重要な場面に現れ、託宣する神として描かれている。

しかし、仲哀天皇および神功皇后の時代は四世紀後葉、壬申の乱は六七二年である。そのような時代に、事代主神が神懸かって現れたという描写には突飛な印象を抱かざるを得ない。

とくに、筆者は神功皇后は創作された女帝だという立場をとっている。(六)の話の元となっている仲哀天皇の不可解な崩御や（七）の忍熊王の叛乱も創作だと考えているので、そのような場面で事代主神が現れたという記述には何らかの意味があるのではないかと疑うのだが、現状では確かな答えは得られていない。

（八）はやや例外的な登場の仕方である。葛城山にいる神であるが、とくに雄略天皇に神意を告げるわけでもなく、ともに狩りを楽しむというためだけに現れるのである。事代主神と葛城との関連性を示唆する記述なのか、あるいは「一事主神」は「事代主神」とは異なる存在であり、雄略天皇の時代に葛城に実在した人物であったのか、判断はむずかしい。

しかし、一事主神が登場するのは雄略天皇紀のみであることや、説話が具体的なことなどを考えると、安易に同一神と見るのは控えたほうがよいのかもしれない。

『日本書紀』神代の系譜とは

前項では、事代主神の描き方に二種類あることを見た。「系譜上に記せる実在の神」と「時空を超えて現れる純粋な神」である。

ここから、事代主神を神々の系譜の上に位置づけ、その意味を考えてみたい。

とはいうものの、『日本書紀』の系譜とは一体なんなのだろうか。

『日本書紀』の大部分を占める天皇紀は編年体で記されている。

ところが、神代の時代の出来事については編年体で書かれていない。紀伝体というか説話集の体裁で物語は進んでいく。そして、干支で記録された神武東征を経て初代天皇である神武天皇の即位へとつながっていく。その即位後から編年体での記述となるのである。

しかし、それぞれ個別の神話に連続性がないかというとそうではない。第一章で見たように、『日本書紀』神代の本文は、天地創造から神武天皇につながる神々の系譜を明確に伝えている。登場する神々は単独で存在するのではなく、その神々の系譜のなかに存在すべき場所を与えられているのである。つまり、神代は壮大な絵巻になっているといってよい。

そして、そこから紡ぎ出される神々の系譜は、『日本書紀』編纂者が作り上げた系譜であり、編修グループ内で共通認識として共有された系譜であることに疑いの余地はない。編纂者たちは、その入念に練り上げた系譜を前提として、ときの流れにそった神代の神話を書きつづっているのである。

『日本書紀』編纂に込められた想い

ここで少し『日本書紀』成立の過程を見ておこう。

『日本書紀』は日本最初の正史である。天武天皇《てんむてんのう》の治世一〇年（六八一年）三月一七日に、天皇が川島皇子《かわしまのみこ》ら一二人に「帝紀《ていき》」と「上古の諸事」の編纂を命じたところからはじまったとされる。

その後、持統天皇《じとうてんのう》の五年（六九一年）八月に「一八の氏族に詔《みことのり》して、その祖先らの墓記を上進させた」という記事が見られる。「墓記」は、どのような先祖がいて、どんなことを行ったか、いつ亡くなったかなどをまとめたものだと推測されていて、『日本書紀』編纂の資料にしたのだと考えられている。

しかし、具体的な編纂の進捗状況などについては記されていない。

そして、時代がくだって突然『続日本紀《しょくにほんぎ》』の養老四年（七二〇年）五月二一日に、舎《とね》人親王《りしんおう》によって撰上されたという記事があらわれる。「以前から舎人親王が天皇の命を受けて『日本紀』を編纂していたが、この度完成して、紀三〇巻と系図一巻を撰上した」というものである。

実に四〇年近い年月が経過している。

最初に編纂を命じた天武天皇は六八六年に崩御され、その後、持統天皇、文武天皇《もんむてんのう》、元明天皇《げんめいてんのう》の治世を経て、四代後の元正天皇《げんしょうてんのう》の治世六年のことである。

その間には、七〇一年に大宝律令が完成したり、七一二年に『古事記』が完成したりする。七一三年には『風土記』編纂の詔勅《しょうちょく》が出され七一五年頃には播磨国風土記も完成したのではないかと考えられている。

また、この時期は持統天皇、元明天皇、元正天皇という女性天皇が立て続けに即位された時期である。直接の原因としては草壁皇子《くさかべのみこ》の早世などがあったとしても、歴史上特異な時期であったといえる。しかも、壬申の乱（六七二年）以降の複雑な系図（図表17）を見れば、『日本書紀』撰上により日本の歴史を確定させるにあたって様々な思惑が渦巻いていただろうことは容易に想像できる。

■図表17　『日本書紀』編纂時期の系図（※数字は天皇の代数）

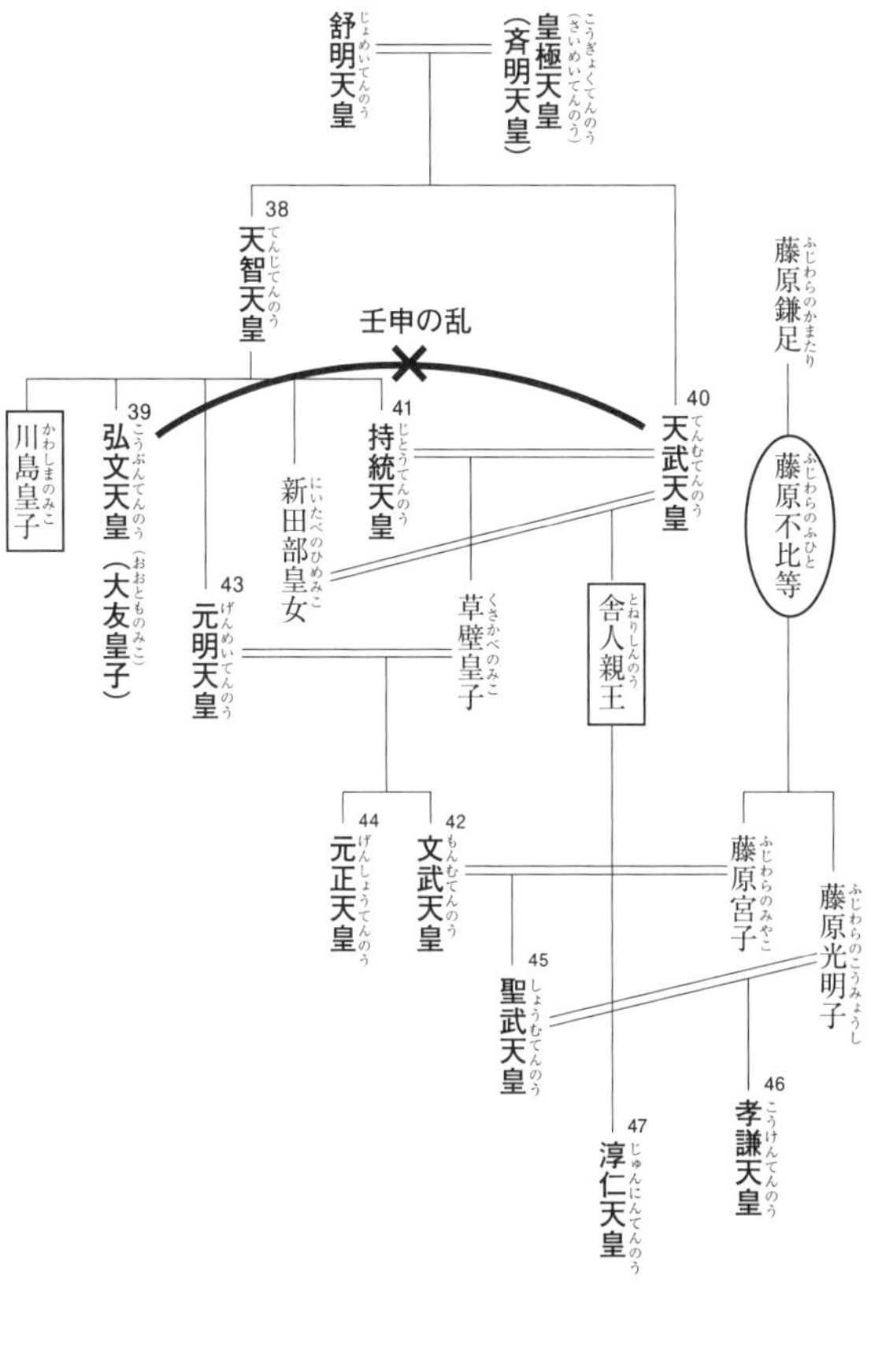

当然、編纂者たちに対しては当時の権力者や有力氏族から様々な圧力がかかっていたと思われる。

当初編纂の先頭に立った川島皇子は六九一年に三五歳で亡くなったとされている。その後、具体的に誰がどのように編纂に携わったかは不明だが、おそらく天皇の代が替わる毎に政権内部の権力構造も変わり、内容が見直され改訂を重ねたのではないだろうか。図表17の系図には、『日本書紀』の黒幕としてよく名の挙がる藤原不比等《ふじわらのふひと》も文武天皇や聖武天皇《しょうむてんのう》の岳父として名を連ねている。確かに自身の意向を反映させた可能性は考えられる。

藤原不比等は『日本書紀』撰上直後の八月に死去している。不比等の死期を悟って完成を急いだという説にも一定の論理性を認めるし、神武東征に随行し菟狭津媛《うさつひめ》（宇佐津媛）を娶った天種子命《あまのたねのみこと》が中臣氏《なかとみ》（藤原氏）の遠祖とされていることにもその表出が見てとれる。何しろ、天種子命は神武天皇が日向東征に出発される時点から随行する侍臣《おもとまえつきみ》として真っ先に名の記される神なのである。さらにさかのぼれば天岩屋戸隠れの際、天児《あめのこ》屋命《やねのみこと》（中臣神）が榊《さかき》を飾って祈祷《きとう》し、磐戸から引き出された天照大神に対してなかに戻らないようお願いする役目を担わされている。

ほかの氏族について見ると、東征譚においては、出発後すぐに水先案内を申し出て椎《しい》根《ね》津《つ》彦《ひこ》という名を賜る珍彦《うずひこ》は倭直《やまとのあたい》らの始祖とされているし、熊野上陸後の山中で行軍の困難を救って道臣《みちのおみ》の名を賜る日臣命《ひのおみのみこと》は大伴氏の遠祖とされている。またさらに、神武天皇より先に天降《あまくだ》りながら長髄彦《ながすねひこ》を殺して帰順した饒速日命《にぎはやひのみこと》は、物部《もののべ》氏の遠祖とされている。

そういう氏族の始祖伝承や四〇年という長い年月を考えると、おそらく『日本書紀』は複雑な編纂過程および度重なる改訂を経て成立したものだと推測できる。

すなわち、『日本書紀』の本来の目的は、唐に対して日本が中国に比肩しうる悠久の歴史と皇統の正統性を宣言し、唐と対等な立場を得ることだったと考えられるが、日本国内に対しては将来にわたって「日本の歴史はこうして始まったのだ」と確定させるものであった。当然、そこには当時の政権の意向が多かれ少なかれ反映されたとみられるのである。

だから、完成した日本最初の正史である『日本書紀』には編纂者の苦心が織り込まれていることは想像に難くない。

『古事記』の序文を信じれば、そもそも『日本書紀』編纂のきっかけは、天武天皇が「諸々の氏族に伝わる帝紀と本辞《ほんじ》はすでに真実からかけ離れ、虚偽が加えられている。いまその誤りを改めないと真実は失われてしまう。正しい帝紀と本辞こそ国家の根幹をなすものであり、王化の基礎となるものである。だから、帝紀と本辞を調べ直し、偽りを削り、真実を定めて、後世に伝えたい」と考えられたことである。

すなわち、七世紀後葉には氏族ごとに都合良く改変され内容の異なる記録が伝わっていたのである。

編纂にあたって集められた帝紀、旧辞、墓記、寺社縁起、中国および朝鮮半島から将来した史書など、大量で多様な資料からひとつの正しい「正史」を定めるのである。加えて、結果として神武天皇の即位が紀元前六六〇年にまでさかのぼるように紀年延長操作も行わなければならない。編纂作業は困難を極めたと想像できる。

しかし、編纂者たちはできる限り忠実に正しい歴史を復元しようと注力したに違いない。これは筆者の私見になるが、紀年延長に際しても兄弟を親子としたり、手っ取り早く代数を増やせる姨甥婚《おばおいこん》（一二〇頁参照）などをはさみながら、できるだけ余計な架空の系譜を増やさないように努めているようにみえる。ただし、結果として一方では三〇〇歳までも生きた武内宿禰《たけのうちのすくね》のような存在を生んでしまっていることも確かではある。

さて、そのような過程を経て成立した『日本書紀』であるが、編纂者たちは神武天皇即位以前の神々の系譜まで作り上げている。第一章で神代の記述を追いかけ完成させた系譜がそれである。

もっともそれは「本文記述」の系譜である。神代の記述に関しては、非常に多くの「一書曰《あるふみにいわく》」という異伝の併記が見られる。例えば、伊弉諾尊と伊弉冉尊が天照大神や素戔嗚尊を産まれる箇所には一一にも及ぶ異伝が列挙されている。

できることなら、編纂者たちは異伝を載せたくはなかったであろう。『古事記』のように異伝のないすっきりとした物語をつづりたかったに違いない。しかし、状況が許さなかったのであろう。とくに、神代の記述に関しては、多くの有力氏族から提出された旧辞（あるいは帝紀も）のなかから歴史の真実のみを記すことが、検証においても政治力学上からも難しかったのだと思う。

しかし、『日本書紀』の宣言する正しい日本の歴史は、あくまでも本文なのである。最初に編纂を命じた天武天皇の「真実を後世に伝えたい」という想いが受け継がれていたと考えれば、この本文は、編纂者たちが真摯に資料と向き合って組み上げたものであると考えてよいだろう。彼らは様々な圧力を受けながらも、可能な限り真実を後世に残そうという気概を持って『日本書紀』編纂作業に臨んでいたと考えたい。

神代の時代が実年代から遥かに古く設定されてしまっているのは事実である。しかし、それはまったくの出鱈目《でたらめ》を書き連ねてつくったものではなく、編纂者たちがいったん「真実」としてまとめあげた文書に対して、必要最低限の改変や紀年延長操作を施したものだと考えられる。だからこそ、彼らはきっと神々の系譜に真実を復元できる鍵を残しているはずなのである。

真実解明の鍵は事代主神に託された

結論からいうと、筆者は神代から天皇の世につながる重要な時期において、真実解明の鍵を託されたのは事代主神ではないかと考えた。

事代主神は先に見たように『日本書紀』に幾度も登場し、重要な役割を果たす。神代の系譜上にも居場所を与えられている神である。それは前提条件として大きなものなのだが、筆者にこのインスピレーションが湧いてきたのは、第一章で確認した彦火火出見《ひこほほでみの》尊《みこと》、神武天皇、崇神天皇の同一人物説との関連性で系図をながめていたときである。

この三者すべての一世代前、つまり親の世代に事代主神がいるのである。

それぞれについて見ていこう。

まず、（一）彦火火出見尊についてである。

第一章で完成した神々の系譜（図表16）を見てほしい。彦火火出見尊は天照大神（大日孁貴）から数えて三世代後の神である。天照大神、天忍穂耳尊、瓊瓊杵尊、彦火火出見尊とつながっている。

一方、事代主神は天照大神と誓約をした素戔嗚尊の二世代後の神である。素戔嗚尊、大己貴神、事代主神とつながる。つまり、事代主神は彦火火出見尊の一世代前の神ということになる。

次に、（二）神武天皇である。

本章で前述のように、神武天皇は東征の最終盤、饒速日命《にぎはやひのみこと》が長髄彦《ながすねひこ》を殺して帰順したあと、橿原宮で即位されるまでに貴族の娘のなかから正妃を求められる。そこで容色が優れているとして召されるのが媛蹈鞴五十鈴媛であるが、媛蹈鞴五十鈴媛は事代主神が三島溝橛耳神の女《むすめ》である玉櫛媛と結婚して生まれた娘である。系図にすると、図表18のようになる。

事代主神は神武天皇の妻の父、岳父という存在である。神武天皇は東征を終えて五二歳で即位されたことになっているが、結婚時の媛蹈鞴五十鈴媛の年齢は不明である。二〇代と仮定すれば、二人の間に一世代分ぐらいの差が存在するが、系譜上では事代主神は神武天皇から見て一世代前（親の世代）の神ということになる。

さて、続いて（三）崇神天皇について見てみよう。崇神天皇紀は次のように記す。少し長くなるが以下に略記する。

崇神天皇は治世三年に都を磯城《しき》の瑞籬宮《みずかきのみや》に移されるが、五年に国内に疫病が蔓延《まんえん》する。民の半数以上が死亡したとされる。

■図表18　神武天皇と事代主神

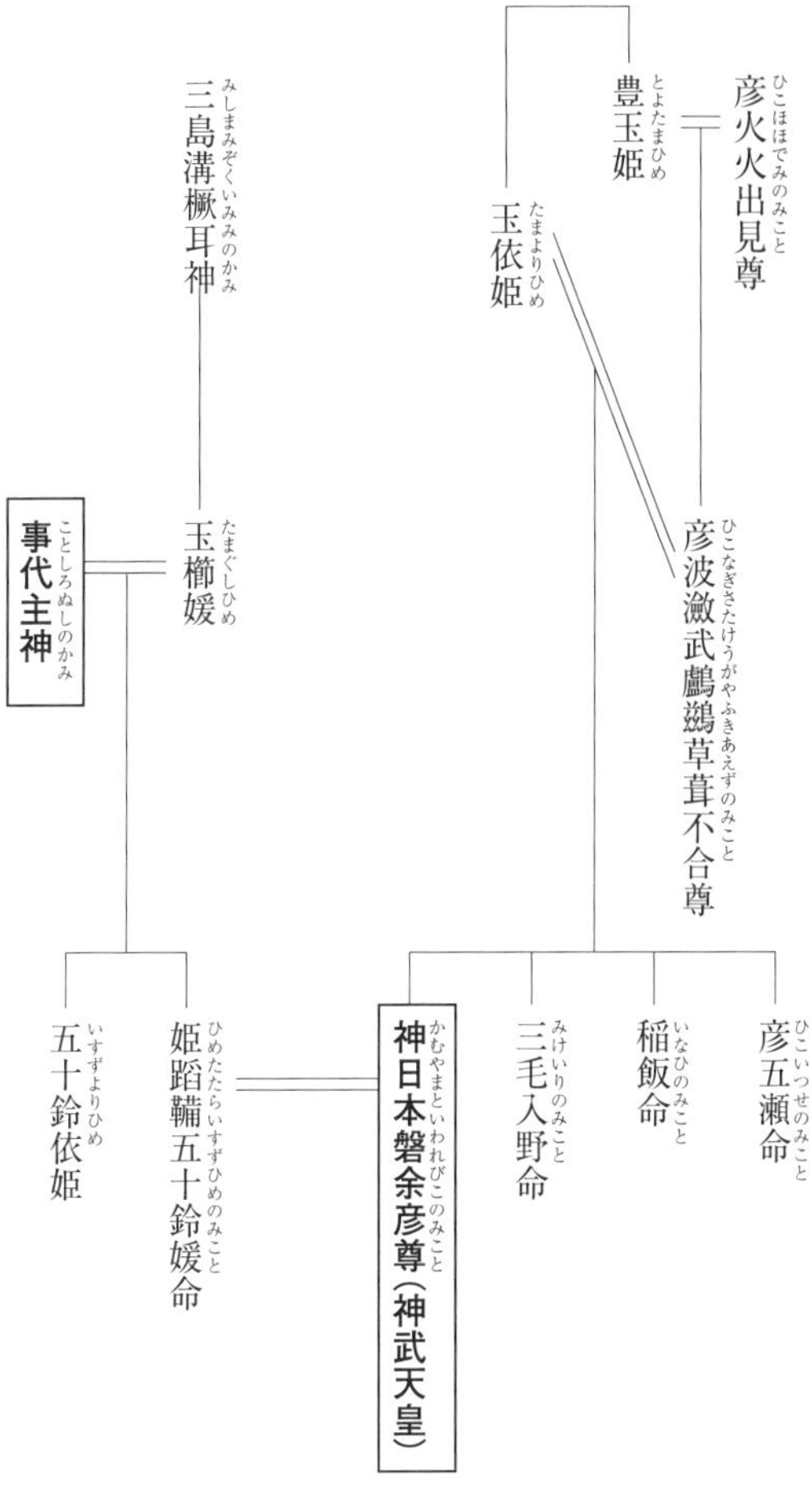

翌六年には、百姓《おおみたから》の流離・反逆の勢いが止まらず、朝夕に天神地祇《あまつかみくにつかみ》に祈られた。天皇の大殿にお祀りしていた天照大神と倭大国魂《やまとのおおくにたま》の勢いを畏れ、天照大神を豊鍬入姫命《とよすきいりびめのみこと》に託し大和の笠縫邑《かさぬいのむら》に祀らせ、日本大国魂神《やまとおおくにたまのかみ》を渟名城入姫命《ぬなきいりびめのみこと》に託して祀らせた。しかし、渟名城入姫命は髪が落ち身体が痩せてお祀りすることができなかった。

そして治世七年。春二月一五日、天皇は災いの理由を知るために神浅茅原《かむあさじがはら》で八十万《やそよろず》の神々を招いて占いをされた。倭迹迹日百襲姫命《やまとととひももそひめのみこと》に神憑《かみがか》りした神が、「我を敬い祭れば必ず国が治まるだろう」という。天皇がその神に名を問うと、「我は倭国《やまとのくに》の域《さかい》の内にいる神で、名を大物主神《おおものぬしのかみ》という」と答える。しかし、天皇が神の教えのままに祀られても験《しるし》がなかった。そこで再度お祈りされると、夢に大物主神が現れて「わが子の大田田根子《おおたたねこ》に祀らせたらたちどころに平らぎ、海外の国も自ら降伏するだろう」と告げる。

八月七日には倭迹速神浅茅原目妙姫《やまとととはやかむあさじはらまくわしひめ》、大水口宿禰《おおみくちのすくね》、伊勢麻績君《いせのおみのきみ》の三人が同じ夢を見て、「夢のなかでひとりの貴人が現れ『大田田根子命を大物主神を祀る祭主とし、市磯長尾市《いちしのながおち》を倭大国魂神を祀る祭主とすれば、必ず天下は平らぐだろう』と言われた」と言った。そこで、天皇が大田田根子を探されると茅渟県《ちぬのあがた》の陶邑《すえむら》で見つかったのでお連れした。

天皇が大田田根子に誰の子かと尋ねると、「父は大物主大神、母は活玉依姫《いくたまよりひめ》といいます。陶津耳《すえつみみ》の女です」と答える。天皇はそれを聞いて「きっと私は栄えるだろう」と言われた。

一一月一三日、大田田根子命を大物主大神を祀る祭主とし、長尾市を大国魂神を祀る祭主とすると、疫病は終息し国内は鎮まった。

これは崇神天皇の御代に疫病が大流行し、人民が離反したのを、大田田根子命を大物主神の祭主とすることで収めたという一連の記録である。

ここに事代主神は出てこないではないかと訝《いぶか》しがる方もいるだろうが、じつは大物主神は事代主神と同一神なのである。

その根拠は、(二)神武天皇の項で触れた媛蹈鞴五十鈴媛の出生譚における『日本書紀』と『古事記』の比較対照にある。

まず、『古事記』の物語をみてみよう。

神武天皇（『古事記』では神倭伊波礼毗古命《かむやまといわれびこのみこと》）は東征を成し遂げ、大和で皇后を探される。そのとき、大久米命《おおくめのみこと》が「この地に神の御子だという媛女《ひめ》がいます」といい、神の御子だという謂《い》われを次のように語る。

「三島の湟咋《みぞくい》の娘、勢夜陀多良比売《せやだたらひめ》は容姿が麗しかった。それで三輪の大物主神が見初められた。大物主神は勢夜陀多良比売が大便をするときに、丹《に》塗《ぬ》りの矢に姿を変えて便所の溝の上流から流れくだって比売《ひめ》の富登《ほと》（陰部）を突きました。比売は驚き騒がれたが、その矢を寝床に置くとたちまち立派な若者（大物主神）になりました。そして、大物主神が勢夜陀多良比売と結婚して生まれたのが比売多多良伊須気余理比売《ひめたたらいすけよりひめ》です。だから、伊須気余理比売は神の御子なのです」

この伊須気余理比売は、神武天皇と結ばれ皇后となる。つまり、『古事記』は神武天皇の皇后の父が大物主神だと記している。

一方、『日本書紀』では神武天皇が大和で皇后を探されたときに登場するのは媛蹈鞴《ひめたたら》五十鈴媛《いすずひめ》である。そして、その血筋については「事代主神が三島溝橛耳神《みしまみぞくいみみのかみ》の女の玉櫛媛《たまくしひめ》と結婚して生まれた子を媛蹈鞴五十鈴媛という」とされている。神代の八岐大蛇説話の異伝のなかにも「事代主神が八尋熊鰐《やひろわに》（大きな鰐）となって三島溝樴姫《みしまのみぞくいひめ》、またの名を玉櫛姫という人のところに通って生まれたのが姫蹈鞴五十鈴姫（「姫」は原文に準ずる）である」という記述が見える。

この媛蹈鞴五十鈴媛が神武天皇の皇后となるので、『日本書紀』は神武天皇の皇后の父は事代主神だと記していることになる。

この『日本書紀』の話と『古事記』の話は同じ事柄を記していると考えてよいだろう。すなわち、三島湟咋は三島溝橛耳神であり、勢夜陀多良比売は玉櫛媛であり、伊須気余理比売は媛蹈鞴五十鈴媛である。

そして、神武天皇の皇后の父は大物主神であり、事代主神である。まさか、初代天皇の岳父を『日本書紀』か『古事記』が間違えているなどということは考えられないだろう。事代主神と大物主神は同一神と考えざるを得ないのである。

以上のように、大物主神が事代主神の別名であると考えると、『日本書紀』崇神天皇紀に登場する大田田根子の父親である大物主神は事代主神だと読み替えられる。すると、世代を超えてこの時代にも事代主神が系譜上に記される存在として登場することになる。
大田田根子が崇神天皇七年に何歳だったかは記されていない。しかし、五二歳で即位された崇神天皇と同じ時代を生き、親の大物主神（事代主神）がすでに隠れてしまわれていること、祭主となるにふさわしい年齢であったことなどを考えると、極端に若かったとは考えられない。崇神天皇と大きく年齢が離れていなかったと想定すると、事代主神は崇神天皇の親の世代に存在した神ということになる。つまり、（三）崇神天皇の場合でも一世代前に事代主神が現れるのである。

ただし付記しておくと、『古事記』の崇神天皇記は、意富多々泥古命《おおたたねこのみこと》（大田田根子命）が大物主神の子だとはしていない。四世孫という設定である。

大物主神が、陶津耳命《すえつみみのみこと》の娘の活玉依毗売《いくたまよりびめ》と結婚して生んだ櫛御方命《くしみかたのみこと》の子の飯肩巣見命《いいかたすみのみこと》の、またその子の建甕遺命《たけみかつのみこと》の子であるとされている。『古事記』の神武天皇記と崇神天皇記を系図化すると図表19のようになる。

伊須気余理比売は神武天皇の世代、意富多々泥古命（大田田根子命）は崇神天皇の世代と仮定できるが、図表19ではふたりは三世代離れた存在ということになっている。

しかし一方で、『古事記』も『日本書紀』同様、神武天皇と崇神天皇の間に八名の天皇がいたと記す。この八天皇については事績がほぼ記されていないことから「欠史八《けっしはち》代《だい》」と呼ばれている。具体的には、第二代綏靖天皇《すいぜいてんのう》以下、三代安寧天皇《あんねいてんのう》、四代懿徳天皇《いとくてんのう》、五代孝昭天皇《こうしょうてんのう》、六代孝安天皇《こうあんてんのう》、七代孝霊天皇《こうれいてんのう》、八代孝元天皇《こうげんてんのう》、九代開化天皇《かいかてんのう》までの八天皇を指す。それらの天皇はすべて父子継承である。つまり、神武天皇から崇神天皇まで

■図表19　『古事記』における大物主神の系図

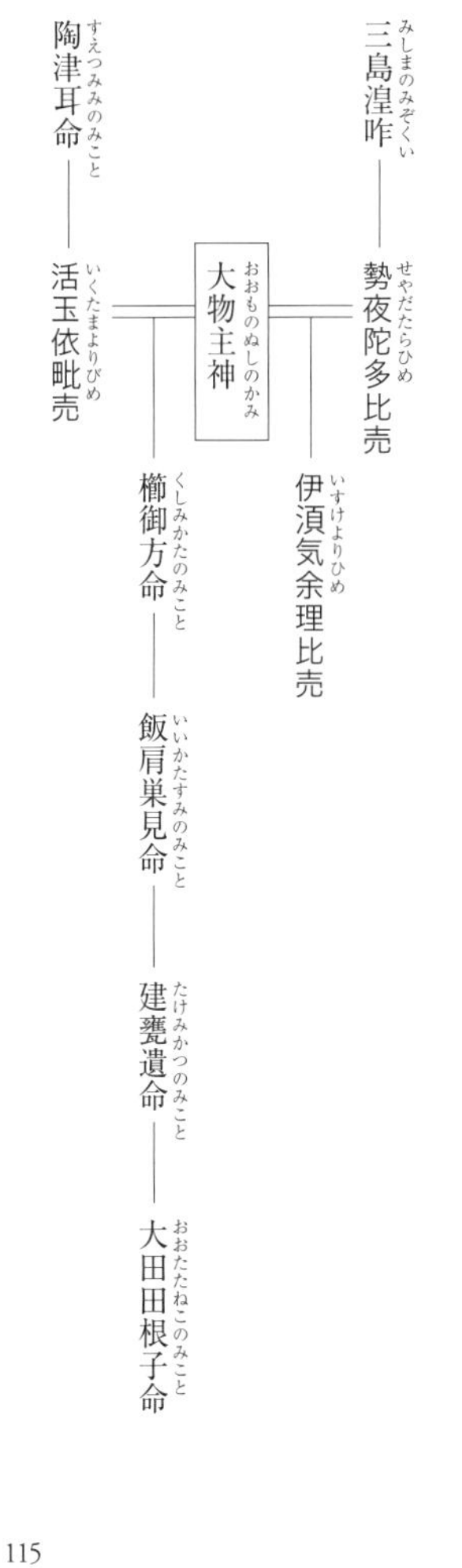

は九世代ということになる。

神々に寿命を想定するのはおかしいという意見もあるだろう。しかし、三世代と九世代、この世代数の違いは『古事記』が明らかに自己矛盾をきたしているとみることができる。神武天皇記と崇神天皇記に登場する大物主神を同一の神として、結果的には中途半端だが、系図上の整合性をとろうとしたことが原因であろうか。

ともあれ、『日本書紀』においては彦火火出見尊、神武天皇、崇神天皇という三者すべての一世代前に事代主神が現れているのはおわかりいただけたと思う。

事代主神がつなぐ神々の世と人の世

彦火火出見尊が活躍するのは神代の時代であった。一方、崇神天皇が第一〇代天皇として四道将軍《しどうしょうぐん》を派遣（現在の北陸、東海、瀬戸内、丹波へ、それぞれ将軍を送り国内を平定した）するなど重要な事績をなされるのはすでに人の世となったあとである。そして、その中間の移行期間といえるのが神武天皇の東征である。

それら重要な三つの時期すべてに、事代主神は時代を超えて現れる。

筆者は、これこそが『日本書紀』編纂者が真実につながる鍵として記述のなかに配したものだと考えた。神代から神武東征を経て欠史八代に至る時代は、各氏族の始祖とされる人物が非常に多く登場する。それらは各氏族に伝わる始祖伝承をもとに組み立てられたと思われるが、『日本書紀』編纂当時の氏族の要請や圧力、加えて氏族間の力関係が反映されているのは容易に想像できる。

そのようなしがらみを抜きにして、歴史の真実を書き残したいという編纂者たちの思いが、「事代主神」という神を生み出したのではないだろうか。そして、真実への扉を開く鍵を託したのではないだろうか。

そう思えば、託宣の神という神性以上に、「事代主神」という神名も意味深いものに感じられる。「事代（コトシロ）」はコトシル＝事知ると同義と考えられる。また、「言代主」という文字があてられ言葉を司る神と見なされる場合もある。「すべての事を知っている神」「『日本書紀』のような文献を司る神」という意味で命名されたとすれば、真実を後世に伝えたいという『日本書紀』編纂者たちの強い思いが読み取れる。まさに的を射たネーミングといえる。

では、事代主神が託された鍵とは何か。

筆者は、系譜上に事代主神が占める位置なのではないかと考えた。これら三度登場する事代主神はそれぞれに、系譜上に明確な居場所を与えられている。それこそが、編纂者が歴史を復元する鍵として事代主神に託したものではないだろうか。つまり、この三つの事代主神を系譜上に重ね合わせることで編纂者の伝えたかった真実が見えてくるのではないかと考えたのである。

もちろん、『日本書紀』が編纂された時代に、第一章で筆者が作り上げたような系譜、現代人が目にする図表化された系譜というものは作られていなかっただろう。しかし、「AとBの子がCである」という断片をつなぎ合わせることによって、結果的に編纂者たちの頭の中には似たような図表ができあがっていたと考えて不思議はない。

神代から続く真実の系譜は何を語ってくれるだろうか。さっそく、系譜づくりにかかっていこう。

系譜上で重なっていく事代主神

まず、図表16の神々の系譜から関連する神々を抜粋したうえで、神武天皇まで下った

■図表20　神代〜神武天皇の系譜

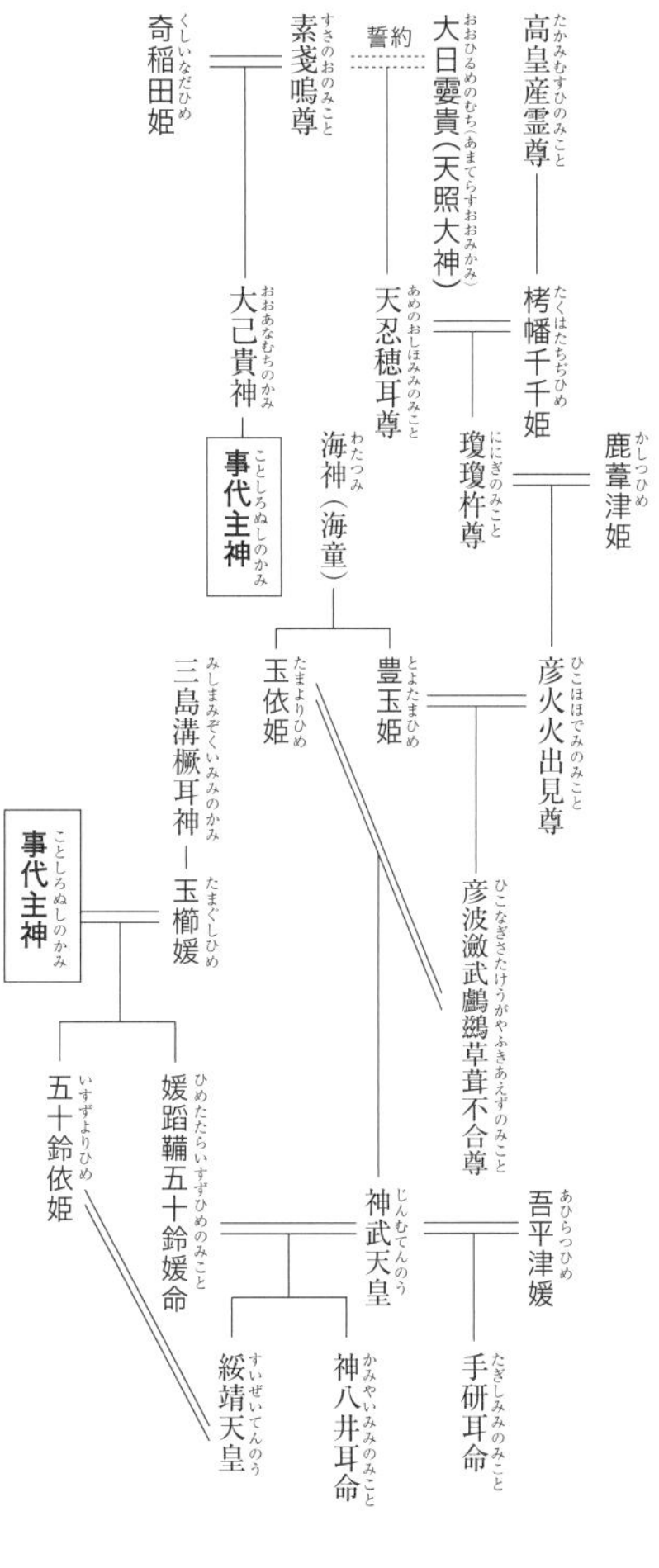

系譜が図表20である。

事代主神は系譜上二か所に位置づけられている。大己貴神の子としての存在と、媛蹈鞴五十鈴媛の父として存在である。両者には二世代の差異が認められる。それを重ね合わせるのである。

第一章で見たように、彦火火出見尊と神武天皇は同一人物と思われるが、図表1（一七頁）の両者の系図を重ね合わせると二世代差がぴったりと埋まる。彦波瀲武鸕鷀草葺不合尊と玉依姫、綏靖天皇と五十鈴依姫という、ふたつの姨甥《おばおい》婚も重なってくる。

ひと言付け加えると、この姨甥婚はもっとも簡単に一世代増やすことのできる魔法の系図である。妻側の出自に新しい先祖を増やすことなく世代を下らせることができるのである。

これについてひと言説明しておこう。図表21における(1)の系譜のA天皇とB天皇の間に、X天皇を追加して一世代増やそうとすると、通常であれば(2)のように、い皇后を設定しなければならない。すると、い皇后の出自に関してイ系統を新たに創出する必要が

■図表21　姨甥婚

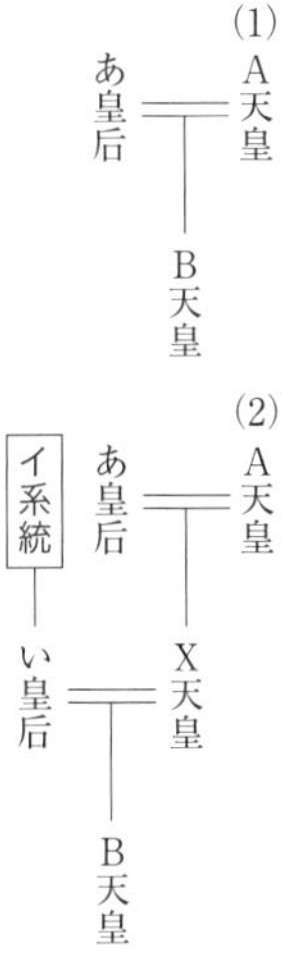

出てくる。しかし、い皇后をあ皇后の姉妹であるとしてしまえば、イ系統を創出することなく一世代増やせる。それが姨甥婚の特性なのである。

　やはり鸕鷀草葺不合尊は、本来同一であった彦火火出見尊と神武天皇を別人格（神格）として分ける際に、一世代追加挿入された創作上の神だったと見てよいだろう。

　すると、ここで注目すべき発見があった。豊玉姫の父である海神《わたつみ》と媛蹈鞴五十鈴媛の父である事代主神が同一人物（同一神）と思われるのである。

　図表20では、まさに横に並んだ形になっている。じつは事代主神は海の神という一面を持っている。祖父の素戔嗚尊は、神代の本文ではないが異伝（一書曰）のなかで親の伊弉諾尊から「滄海之原《あおうなはら》を治めよ」と命じられているし、天照大神との誓約により素戔嗚尊の剣から生まれるのは宗像三女神という海の女神たちである。宗像三女神は田心姫、

湍津姫、市杵嶋姫の三神で、中国大陸・朝鮮半島と大和を結ぶ海上交通の守護神として航海の安全を見守ったとされている。

また、高皇産霊尊の命を受けた経津主神・武甕槌神が、大己貴神に国譲りを迫ったとき、事代主神は出雲の三穂碕で海釣りを楽しんでいたのである。

さて、その事代主神だが、父の大己貴神から国譲りの返事を一任される。そこで、事代主神がとった行動が次のように描かれている。

そのとき事代主神は、使者に語って、「今回の天神《あまつかみ》の仰せごとに、父上は抵抗されぬのがよいでしょう。私も仰せに逆らうことはしません」といわれた。そして波の上に幾重もの青柴垣《あおふしがき》をつくり、船の側板を踏んで、海中に退去してしまわれた。(『日本書紀(上)全現代語訳』講談社学術文庫より引用)

ここで事代主神がつくったとされるものであるが、原文では「因於海中造八重蒼柴《やえのあおふし》籬《がき》」となっている。「海の中」に八重の青柴垣を造り、そこへ退去したのである。

そして、それを知った大己貴神も国譲りを受け入れて隠れてしまわれる。

いわゆる国譲り神話は、事代主神と大己貴神が「退去する」「隠れる」（原文では「避」）ことで完結する。

では、この二神はその後どうなったのであろうか。神話では比較的平穏に国を譲ったことになっているが、実際は武力で攻め滅ぼされたのではないかという説が有力である。だから、この二神は殺されたのだとする見解も多い。

しかし、事代主神は「海のなか」で生きていた。

彦火火出見尊（山幸彦）が兄の釣針を失くして途方に暮れていたとき、塩土老翁の手引きによって訪れるのが海神《わたつみ》の宮である。無目籠《まなしかたま》（水が入らぬほど堅く編まれたカゴ）に乗って、海に沈んでたどり着く。その宮には「雉堞《たかがきひめがき》」が整備され、門の前には桂の木が繁茂していたと記される。雉は高い垣、堞は低い垣のことである。事代主神が、海のなかに造った八重蒼柴籬に通じるものがあるのではないだろうか。

つまり、大己貴神はともかく、事代主神は国を譲ったあとにも海のなかの宮で生きていたのである。現実問題として海のなかでは生きられないので、海に近い場所に宮を造ったのであろう。海と密接に結びついた海人族《かいじんぞく》だったと考えれば、どこか自然の港のようなところであったろうか。その場所については次章で探ってみるが、ここでの結論としては、図表20にあらわれるふたりの事代主神とひとりの海神の計三人は同一人物と考えてみたい。

神代の真実の系譜を完成させる

次は神武天皇から崇神天皇まで下る系譜である。第二代綏靖天皇から第九代開化天皇にいたるいわゆる欠史八代の天皇はすべて父子相続であるため、長い世代を紡ぐことになるがここに掲載してみよう（図表22）。

先に見たように、事代主神と大物主神を同一人物（同一神）、神武天皇と崇神天皇を同一人物と考えれば、欠史八代の八天皇の系譜は創作されたものと考えなければならない。

筆者は、これら八名の天皇は神武天皇より先に奈良盆地に入っていた豪族たちをモデルに創作されたのではないかと考えている。それらのなかで饒速日命《にぎはやひのみこと》とともに神武勢力

■図表22　神武天皇〜崇神天皇の系譜

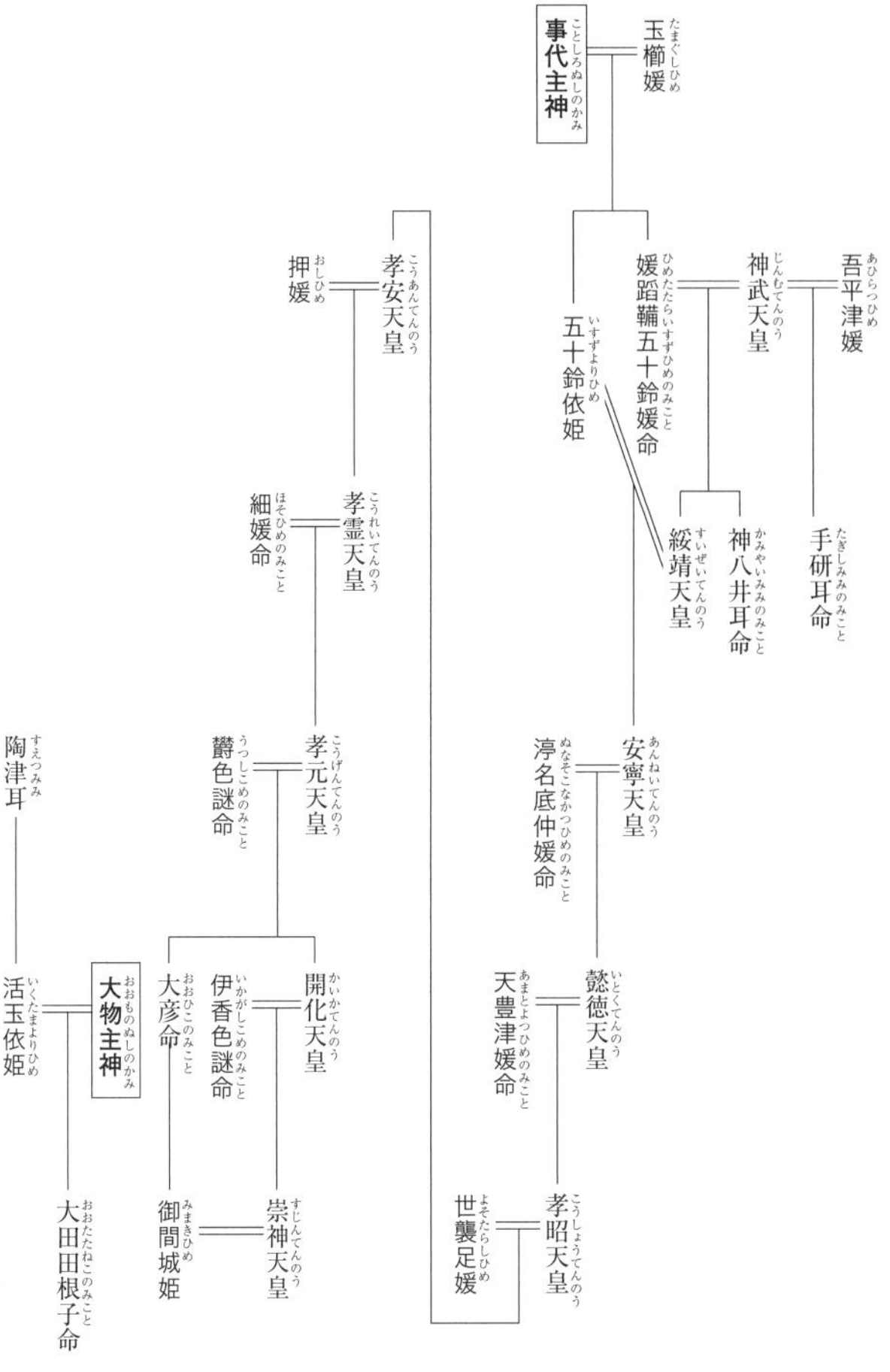

に帰順し、その後の権力を保証され、のちの有力氏族へとつながっていった者たちである。

神武東征に関わった人物たちも様々な氏族の祖先とされている。先の繰り返しになるが、天種子命《あまのたねこのみこと》は中臣氏の遠祖、道臣《みちのおみ》（日臣命《ひのおみのみこと》）は大伴氏の遠祖、そして饒速日命も物部氏の遠祖などとされている。

同様に、欠史八代の天皇の兄弟の多くも有力氏族の始祖とされている。

綏靖天皇の兄である神八井耳命《かむやいみみのみこと》は多臣《おおのおみ》の始祖、安寧天皇の弟である磯城津彦命《しきつひこのみこと》は猪《い》使連《つかいのむらじ》の始祖、孝昭天皇の義兄である瀛津世襲《おきつよそ》は尾張連の始祖、孝安天皇の兄である天《あめ》足彦国押人命《たらしひこくにおしひとのみこと》は和珥臣《わにのおみ》の始祖、孝元天皇の異母兄弟である稚武彦命《わかたけひこのみこと》は吉備臣の始祖、そして、開化天皇の兄である大彦命《おおひこのみこと》は阿倍臣《あべのおみ》・膳臣《かしわでのおみ》・阿閉臣《あへのおみ》・狭狭城山君《ささきのやまのきみ》・筑紫国造《つくしのくにのみやつこ》・越《こしの》国造《くにのみやつこ》・伊賀臣《いがのおみ》ら七族の始祖だとされる。

それが真実であったか、『日本書紀』編纂時の力関係から創作されたものであったかは判断が難しい。しかし、（神武東征も含めて）この欠史八代の五〇〇〇年に及ぶ長い期間、西暦でいうと紀元前の古い時代に氏族の源泉を強引に押し込めたような印象を受けるのである。

話を戻そう。

事代主神と大物主神を同一人物（同一神）、神武天皇と崇神天皇を同一人物とすれば、大物主神は崇神天皇の皇后の父でなければならない。しかし、崇神天皇の皇后である御《み》間城姫《まきひめ》の父は大彦命であるとされている。先に見た開化天皇の兄であり、七族の始祖であるとされる人物である。また、大彦命は崇神天皇が地方を傘下に収めるために派遣した四道将軍のひとりでもあり、北陸道を平定したとされる。

崇神天皇一〇年条では、大彦命が北陸への道中で聞いた少女の不吉な歌を報告し、武《たけ》埴安彦《はにやすひこ》の反乱を露見させる。そして、彦国葺《ひこくにぶく》とともに武埴安彦を討ち取って乱を鎮めたとされている。この具体的な記述を信じれば、大彦命は実在の人物と考えてよいだろう。

また、埼玉県のさきたま古墳群の稲荷山古墳から出土した鉄剣銘文にも、大彦命の名が見られる。鉄剣には製作した乎獲居臣《おわけのおみ》の系譜が刻まれているが、七代前の上祖（始祖）である「意富比垝」の読みが「オオヒコ」であり、大彦命のことであるとする説が有力なのである。それが事実であれば、金石文（金属や石材に記された文字資料であり、文献資料より信頼度が格段に高いとされる）に名を残す大彦命は実在した英雄とみなければならない。

では、崇神天皇の系譜をどう解釈すればよいのだろうか。

筆者は次のように考える。

欠史八代の天皇は、モデルとなった豪族たちはいたが、系譜自体は完全に創作されたものである。同様に、大彦命も実在の人物だったが、系譜は創作されているのではないか。すなわち、図表22の綏靖天皇・五十鈴依姫から下って開化天皇・伊香色謎命《いかがしこめのみこと》までの創作系譜に、大彦命・御間城姫を加えて崇神天皇までつなげたのではないかと推測する。その痕跡というには弱いかもしれないが、大彦命は崇神天皇の伯父、皇后の御間城姫は従姉妹《いとこ》という設定がなされ、開化天皇と崇神天皇の系譜の範囲内で完結させようと企図したように見えるのだ。

一方、この欠史八代の系譜と寄り添うように単独で存在する大物主神の系譜がある。図表22で陶津耳《すえつみみ》から大物主神・活玉依姫、その子大田田根子命に続く系譜である。これこそが、事代主神に託された真実の系譜とみることができる。それは、大物主神を事代

図表23　事代主神が再現する真実の系譜

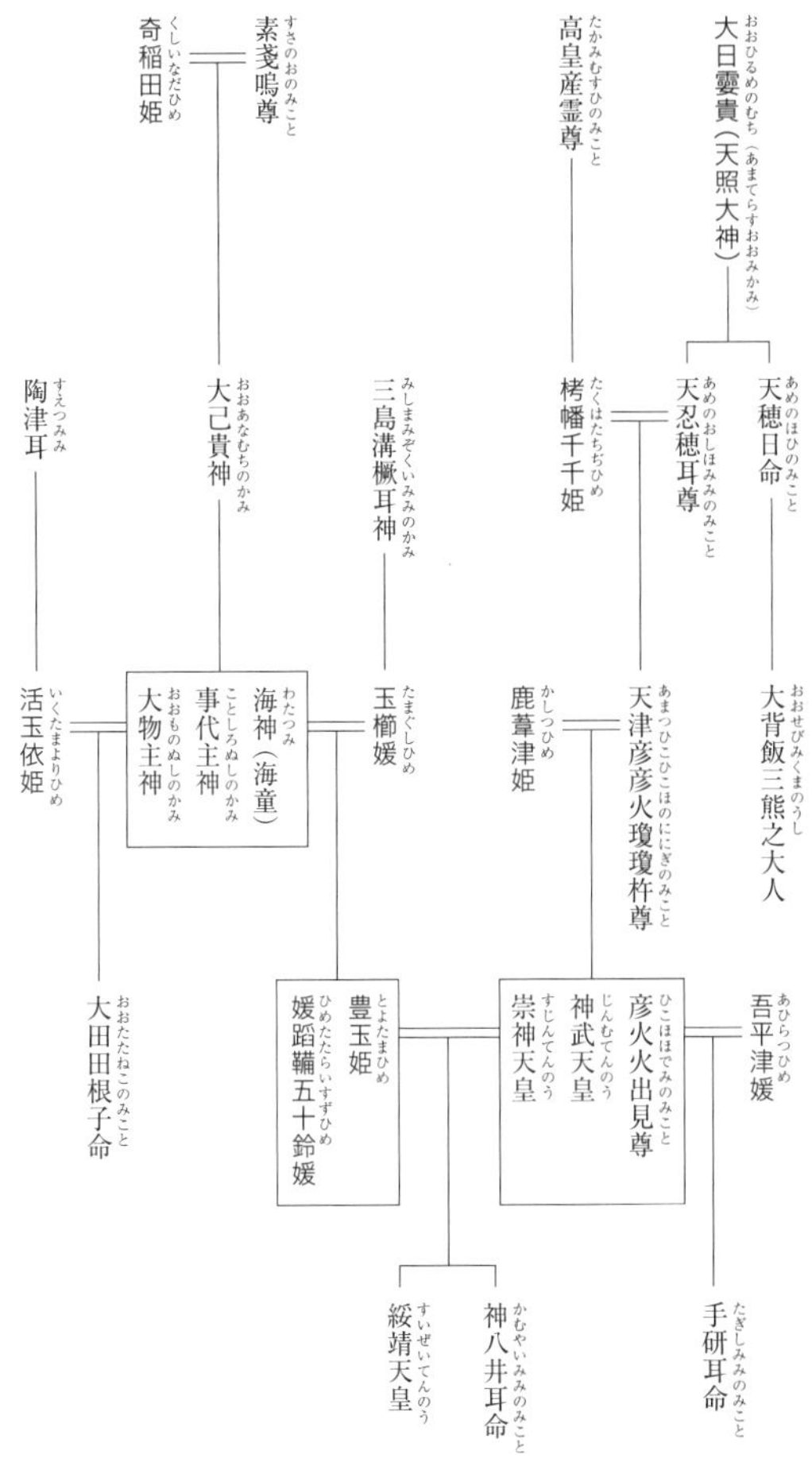

主神と同一神とみることで、真実の皇統譜に組み込まれていくのである。

以上の考察から、ひとつの系譜ができあがる。事代主神がひとりの神として像を結び、彦火火出見尊、神武天皇、崇神天皇が同一人物として重なりあった系譜が図表23である。

図表23は主だった登場人物を抜粋したものであるが、この復元系譜こそ『日本書紀』編纂者が事代主神に託したものではなかったか。

この系譜の信ぴょう性については、最終的に読者の判断に委ねるしかない。しかし、筆者はすべてのことを知っている神＝事代主神は、天孫系と出雲系が見事に融合した系譜を再現してくれたと思っている。

この真実の系譜をもとに、次章では神代の真実を探っていきたい。

第三章

神代の真実への扉を開く

系譜に実年代を与える

前章で、事代主神によって復元された系譜を手に入れた。『日本書紀』の神代の時代に何があったのかを知るために必須の道具である。それを用いて、真実に迫ってみたい。最初になすべきことは、この系譜に年代を与えることである。

神代の時代のいわゆる「神話」はまったく架空の話である。そういう論考が第二次世界大戦後の主流になっているのは承知している。

しかし、筆者は神代の記述には実際の出来事が反映されているのではないかと考える。なぜなら、『日本書紀』は神武天皇即位を紀元前六六〇年に位置づけることにより、皇統譜を古く見せるという主たる目的を達成しているからだ。

その前置きに、わざわざ架空の物語を二巻分（巻第一が「神代上」、巻第二が「神代下」）も追加する必要があるだろうか。天地開闢《てんちかいびゃく》神話だけで十分ではないのか。

何度も言うが、編纂者たちが「日本最初の国史」として「真実を国内外および後世に伝える」という想いを持って『日本書紀』の撰述にあたっていたとすれば、まったくのフィクションを延々と書き連ねることはないと思うのである。

だから、筆者は神代の記述に一定の信憑性を認めて読み解いてみたいと考えた。そして、神武東征以前に何が起きていたのかを知るためには、神代の出来事を順序立て、系統立てて考える必要がある。そのためには、登場人物の生きた年代を想定することが前提となる。

それも絶対年代でなければ意味がない。体系的な仮説を組み立てる場合、その拠り所となる元データは誰でもが追検証できるものでなければならない。筆者がその場その場で自説にあう相対的な年代設定をしていけば、読者は検証のしようがないし、そういう説は仮説としても成立しないだろう。

仮説自体の成否は今後に委ねるとしても、その根幹をなす部分はできる限り主観を排除したものにしたいと思っている。

図表23の系譜に実年代（西暦）を与えるに際して基準となるのは、初代天皇（神武天皇＝彦火火出見尊＝崇神天皇）である。

筆者は前著『ヤマト王権のはじまり』で、初代天皇が西暦三〇一年に五二歳で即位されたと結論付けた。五二歳は満年齢ではなく数え年によるものなので、初代天皇の誕生年は二五〇年となる。これが基準年となる。

さてここから先だが、『日本書紀』は神々の年齢を記してはいない。「神」なのだからそれは当然かもしれない。しかし、筆者はこの神々にもモデルとなった実在の人物がいたと考える。当然、人間の寿命が当てはまるはずである。

では、初代天皇の父である瓊瓊杵尊《ににぎのみこと》は何年に生まれたのであろうか。

現代の一世代は平均するとほぼ三〇年程度と考えられているが、当時の一世代が何年だったのか。残念ながら、筆者には断言するだけの知見はない。しかし、現代より短かったことは間違いない。二〇年から三〇年の間とみて、平均二五年（誤差をプラスマイナス五年）程度と仮定して話を進めたい。

つまり、瓊瓊杵尊の誕生年は二二五年プラスマイナス五年の範囲に収まる可能性が高いと考えられる。同様に、祖父の天忍穂耳尊《あめのおしほみみのみこと》はほぼ二〇〇年、こちらはプラスマイナス一〇年の範囲に誕生年を想定できる。そして、その一世代前の天照大神《あまてらすおおみかみ》は、一七五年プラスマイナス一五年に生まれたと想定できるのである。

初代天皇の系譜の年代はこのようにさかのぼることができる。

一方、初代皇后のほうはどうであろうか。

豊玉姫《とよたまひめ》、媛蹈鞴五十鈴媛《ひめたたらいすずひめ》ともに年齢は記されていない。しかし、神武天皇紀を参考にすれば、天皇が媛蹈鞴五十鈴媛を正妃とされるのは即位の前年であり、天皇五一歳のときのこととなる。かなり高齢での結婚が設定されているので、皇后とは一世代二五年ほどの年齢差も想定されよう。

だが、彦火火出見尊《ひこほほでみのみこと》と豊玉姫の説話では、多分に感覚的にではあるが、それほどの年齢差は感じない。非常に難しい判断となるが、ここでは満一〇歳～二〇歳の年齢差を想定し、ひとまず一五年の差を前提に考えてみることにする。

そうすると、豊玉姫＝媛蹈鞴五十鈴媛は西暦二六五年プラスマイナス五年が誕生年となる。その父の事代主神《ことしろぬしのかみ》（＝海神《わたつみ》＝大物主神《おおものぬしのかみ》）は二四〇年プラスマイナス一〇年、祖父の大己貴神《おおあなむちのかみ》は二一五年プラスマイナス一五年、曾祖父の素戔嗚尊《すさのおのみこと》は一九〇年プラスマイナス二〇年の生まれと推定できる（図表24）。

天照大神と素戔嗚尊の前代には、神世七代《かみのよななよ》最後の神であり、国生みと神生みという大

■図表24　登場人物の推定誕生年

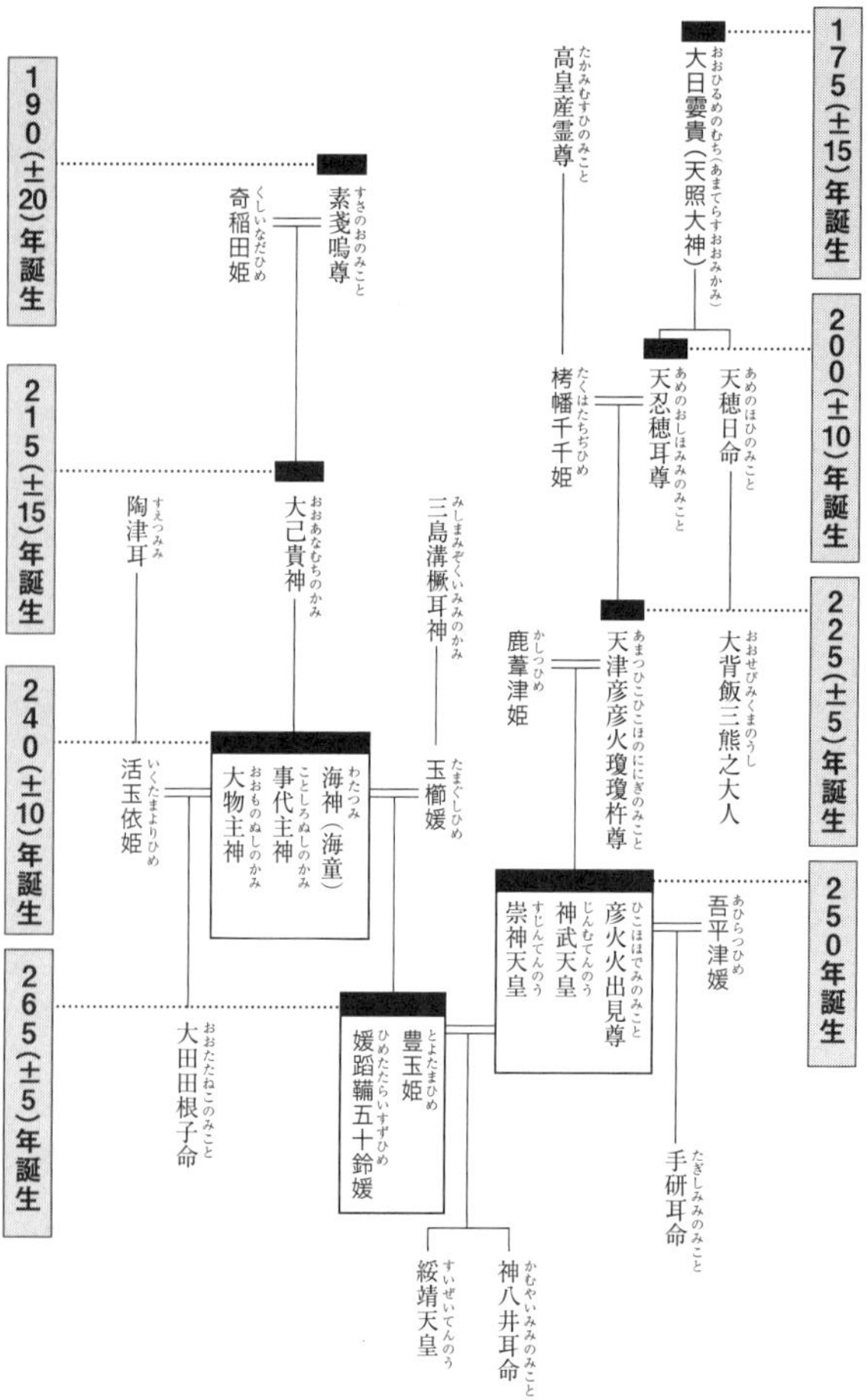

業を担った伊弉諾尊《いざなぎのみこと》・伊弉冉尊《いざなみのみこと》という二神の存在がある。そして、天照大神と素戔嗚尊は伊弉諾尊と伊弉冉尊によって生まれたことになっている。

そこをどう考えるかだが、伊弉諾尊・伊弉冉尊あたりまでは非常に抽象的・観念的な話である。伊弉諾尊・伊弉冉尊の物語は、いわゆる「天地開闢神話」の掉尾《とうび》を飾るものと考え、この二神は非実在の神と判断してよいのではないかと思う。すると、「天照大神と素戔嗚尊は姉弟なのか？」「ふたりの間の誓約《うけい》とは何だったのか？」ということになるのだが、これについては後述する。

天照大神の系譜と素戔嗚尊の系譜

神代の系譜を得て、その年代観を確認した。これで準備は整った。ヤマト王権誕生以前に、日本のどこで何が起こっていたのかを図表24の系譜から探っていく。

ただし、その前に図表内で複数の人物が重なりあった人物像に関する用語を整理しておきたい。

まず、彦火火出見尊、神武天皇、崇神天皇の三者が重なった人物については本書冒頭で述べたように「初代天皇」としたい。三つのうちどれか特定の名前を用いると誤解を招く可能性が高くなりそうだからである。同様の理由で、豊玉姫と媛蹈鞴五十鈴媛が重なった人物については「初代皇后」とする。

だが、海神、事代主神、大物主神の重なった人物（神）については「事代主神」を採用して差し支えないのではないかと思われる。

よって、ここでは「初代天皇」「初代皇后」「事代主神」を用いて話を進めることにする。

初代天皇と初代皇后、それぞれの系譜について見ていこう。

初代天皇の系譜は、当然のことながら、正統な天孫系である。高天原にいた天照大神（大日孁貴《おおひるめのむち》）および高皇産霊尊《たかみむすひのみこと》につながっている。

一方、初代皇后の系譜は明らかに天孫系とは関連性がない。この系譜で始祖となる素戔嗚尊は天照大神の弟であると『日本書紀』は述べるが、伊弉諾尊・伊弉冉尊の存在とともにその設定が創作だと仮定すると、明らかに別系統になる。そして、それは「出雲系」「海神系」といってよいだろう。

神代の本文記述では、素戔嗚尊は根の国に行く前に、天照大神に別れを告げようと高天原を訪れることになっている。そこで大暴れをして、天照大神の天岩戸隠れを引き起こす話である。

これを読む限り、明らかに素戔嗚尊は高天原の住人ではない。

天照大神と素戔嗚尊は、伊弉諾尊・伊弉冉尊から生まれた姉弟とされているが、天照大神は最初から高天原に住み、素戔嗚尊は住んでいない。生まれたときからふたりには接点がないのである。

姉弟の設定を解除し、ふたりの特性を見れば、まさに「天津神《あまつかみ》」と「国津神《くにつかみ》」である。そして、図表24を見る限り、この二系統が初代天皇と初代皇后によってひとつとなり、ヤマト王権が誕生しているのである。

初代天皇系譜で見える邪馬台国と卑弥呼

では、それぞれの系譜を用いて詳細な検討をはじめよう。

先に、初代天皇の系譜、天津神の系譜である。

瓊瓊杵尊は「日向《ひむか》」に天降《あまくだ》り、初代天皇は「日向」から東征に出発した。

この「日向」は現在の宮崎県と考えてよいだろう。『日本書紀』編纂時点で日向国と認識されていた地域である。それ以外の地を「日向」と表記して、わざわざ混乱を招く蓋然性《がいぜんせい》は皆無だからである。

すると、天孫降臨の舞台はほぼ九州であると断言してよいだろう。そして、年代は西暦二〇〇年代である。

三世紀の九州といえば、そう「邪馬台国《やまたいこく》」である。

邪馬台国は、中国の史書『三国志』の一節「魏志倭人伝」に記された、当時の日本に存在した国である。少なくとも二世紀末から三世紀半ばまでは存在が確実視されている。女王卑弥呼《ひみこ》が亡くなったのは二四七年とも二四八年ともいわれる。

この「邪馬台国」という国名であるが、「魏志倭人伝」中には一度しか登場しない。厳密にいうと、邪馬台国は卑弥呼を共立（倭国内の戦乱を収めるために国々が和平交渉を行い、すべての国の上に立つ王として選ばれた）した三〇国の連合体である「女王国」の都があった国である。したがって、卑弥呼は邪馬台国の女王ではなく、女王国の女王だったといえる。

「魏志倭人伝」には、邪馬台国までの行程が記されている。筆者は『邪馬台国は熊本にあった！』（扶桑社新書）で行程をつぶさに検証した。ここで詳細は省くが、その行程が畿内にたどり着く余地がないことは立証できた。女王国は間違いなく九州島内にあったと考えられる。

ただしそれは、当時、畿内に女王国に匹敵するような国があったことを否定するものではない。もしそういう国があったとしたら、女王国・邪馬台国とは別の、後世に名を残さなかった国だと判断するのである。

三世紀というほぼ同じ時間、九州というほぼ同じ空間に、「女王国（邪馬台国）」と「天津神の世界（高天原）」が存在する。必然的に、「魏志倭人伝」と『日本書紀』には同一の事柄を別の視点から描いている部分があるはずだと考えざるを得ない。

そう思って系譜をみると、天照大神は卑弥呼とぴたりと重なってくるのである。

天照大神＝卑弥呼説はとくに目新しいものではない。明治時代には東京帝国大学（現東京大学）の白鳥庫吉博士が唱え、近年では統計学から導いた古代天皇の平均在位年数を根拠とする安本美典氏の説が注目されてきた。

正直にいうと、筆者は天照大神＝卑弥呼説に懐疑的であった。天照大神＝卑弥呼説は、「邪馬台国（女王国）が畿内に都を遷した」もしくは「邪馬台国（女王国）が国ごと移動した」というような邪馬台国東遷説とセットで語られることが多い。筆者は、三世紀にそのように大規模で長距離の民族移動があったとは想像できなかったし、『日本書紀』が述べる「東征」と「東遷」の違いに少なからず違和感を持っていたからである。

しかし、今回、『日本書紀』神代の系譜を描いてみて、西暦一七〇年代頃に生まれた女性で、九州にいた天孫の始祖というのは、卑弥呼以外に比定しようがないと考えるようになった。つまり、『日本書紀』編纂者たちは、ヤマト王権をさかのぼればそこには倭の女王だった卑弥呼がいることを知っていたと考えざるを得なくなったのである。

天照大神と卑弥呼

天照大神と卑弥呼を取り巻く状況を比較してみよう。

卑弥呼は「倭国乱」（二世紀後半に倭国が乱れたと「魏志倭人伝」に記されている）

を収束させるために三〇国の王として共立された。それは、おおむね二世紀末から三世紀初頭のことだとされている。そして、おそらく二四〇年時点においてだが、「年已長大（すでにかなりの年齢に達していた）」で夫はいないと「魏志倭人伝」は記している。以前には夫がいたが、この時点ではいないという意味にもとれる。

弟がいて、国を治めるのを助けている。卑弥呼は厳重に守られた宮殿に一〇〇〇人の婢《ひ》（下女もしくは女の奴隷）を侍らせていて、ひとりの男が食事や伝言のためにそこに出入りしていると書かれている。

一方、天照大神は伊弉諾尊と伊弉冉尊が地に降り、磤馭慮島《おのごろしま》で日の神として産んだとされる。うるわしい光で国中を照らしたとされ、「天上之事《あめのこと》」をすべきだと天上（高天原）に送り上げられる。続いて、弟の月神《つきのかみ》（月読尊《つくよみのかみ》）も天照大神とともに治めるのがよいと高天原に送られる。

三〇国に共立され、女王として弟とともに女王国を治めた卑弥呼の姿が重なってくる。「是時　天地相去未遠（このとき、天と地はまだそれほど離れてはいなかった）」という補足説明があり、スケール感として九州島内の出来事をほのめかしているようでもある。

このように天照大神が卑弥呼だとしても、神代の系譜は邪馬台国東遷説を示唆するものではない。まったく違うストーリーを見せてくれるのである。

天照大神を卑弥呼、高天原を女王国と仮定すると、天照大神は一七〇年代半ば頃に生まれ、二四八年（もしくは二四七年）に崩御されたことになる。七〇歳を超えるほどの高齢である。「魏志倭人伝」の記述とも一致する。

卑弥呼の死に際して直径百余歩の塚を作り、奴婢《ぬひ》百余人が殉葬されたとも語られる。それらは、女王国＝高天原内の出来事である。

しかし、おそらくその頃、孫（の世代）の瓊瓊杵尊《ににぎのみこと》は日向に天降っている。さらに、その子である初代天皇は、日向から遠く畿内へ東征する。『日本書紀』の舞台は、瓊瓊杵尊の天孫降臨によって故地の高天原（女王国）を離れていくのである。

そして、その後の高天原の様子は記されなくなる。大和で即位した初代天皇の周囲に、その後の高天原について語れる者はいなかっただろうから、それは当然のことでもある。

つまり、初代天皇側の記録・伝承には卑弥呼以後の女王国の情報は乏しく、『日本書紀』

はそれを記すことが不可能であったし、それを記す必要性も感じなかったのであろう。

ただ、そんななかでも卑弥呼に関する記憶だけは、初代天皇につながる始祖として人々のなかに強烈に刻まれていた。初代天皇の父である瓊瓊杵尊が高天原にいたとき、祖父の天忍穂耳尊《あまのおしほみみのみこと》は卑弥呼のもとで活躍していた。当時、女王卑弥呼の威光は三〇国の上に輝いていた。その記憶は代々語り継がれたはずだからである。

ところで、『日本書紀』では天照大神と素戔嗚尊は姉弟とされているが、ふたりの間には多くの神が生まれている。

それは、「誓約」によって生まれたとされている。明らかに夫婦の営みとは違った生まれ方である。また、自身の身体の一部から生まれるというのでもなく、八坂瓊五百箇《やさかにのいおつの》御統《みすまる》や十握剣《とつかのつるぎ》という「持ち物」から生まれるのである。

なぜ誓約などという特異な形式が採用されたのだろうか。伊弉諾尊と伊弉冉尊が、すでに男女の営みでもって天照大神や素戔嗚尊を産んだよりのちの世というのにである。

近親相姦的な設定を避けたというのも一考だろう。

しかし、先に想定したように、本来天照大神と素戔嗚尊が姉弟でなかったとしたらどうだろう。

図表24のように、初代天皇・初代皇后から系譜をさかのぼると天津神系統と国津神系統に枝分かれしてしまう。それを、天地開闢にさかのぼって一統とするために、誓約という神生みが創出された可能性はないだろうか。具体的には、伊弉諾尊・伊弉冉尊に帰結させるという手法を用いてである。まだ想像の域を出ないが、その可能性を考えてみてよいのではないだろうか。

そしてもうひとつ、誓約で生まれたとされる田心姫以下三柱の女神、天忍穂耳尊以下五柱の男神は、じつは天照大神（および素戔嗚尊）の実子ではなかった。だからこそ、「持ち物」から生まれたことにせざるを得なかったと考えられないだろうか。

すると、誓約で生まれた神々は一体何者なのか。

憶測を重ねることになるが、天照大神が卑弥呼であるなら、この八柱の神々は卑弥呼を共立した三〇国の王たち（女王国の統治機構のなかでは、「魏志倭人伝」の定義する「王」ではなく「官」となっていたかもしれないが）や一大率《いちだいそつ》、大倭《だいわ》の長とみるのが最も妥当だと思われる。一大率、大倭は「魏志倭人伝」に登場する機関もしくは官職名で、一大率は諸国の検察にあたり、大倭は租税や流通の監察にあたっていたとされる。ただし、このうち三女神は素戔嗚尊の十握剣から生まれたので、もともと素戔嗚尊の子あるいは傘下の姫たちであった可能性もある。

卑弥呼が過去に結婚していた可能性は排除できない。しかし、共立という事象を考えると実子はいなかったと考えたほうがよいだろう。子がいる女王の共立は権力の継承において必ず紛争の火種となるからである。そういう意味では、卑弥呼の死後に男王が立って内紛が起きるが、その男王が卑弥呼の実子だったと考えられなくもない、ということは付記しておく。

以上のように考えると、天照大神と天忍穂耳尊は親子ではなく、女王卑弥呼と卑弥呼を共立していた王や有力者のひとりという関係だった可能性が高いと思うのである。

では、天照大神と同世代の神として登場し、葦原中国の平定を主導するなど存在感を発揮する高皇産霊尊《たかみむすひのみこと》は、女王国でいうと誰になるのだろう。第一章の最後で、気になる人物として名を挙げた神である。

『日本書紀』神代の高天原の記述を読めば、イメージが重なるのは卑弥呼を助けて国を治めた弟であろう。しかし、天照大神の弟は月読尊《つくよみのみこと》であり、高皇産霊尊ではない。

魏との交渉において中心的存在として活躍した大夫《たいふ》の難升米《なしめ》だろうか。しかし、難升米は年齢的に想定しづらい。高皇産霊尊はもっと高齢だろう。すると、卑弥呼の居処に出入りしていた唯一の男だろうか。それも印象が弱い。では、卑弥呼の共立を指揮した有力国の指導者だったのか。

候補は尽きないが、筆者としては、あくまでも「魏志倭人伝」内から求めるとすればだが、やはり卑弥呼の弟説が最も穏当なように思う。

『日本書紀』では、高皇産霊尊の娘である栲幡千千姫《たくはたちぢひめ》は天照大神の御子である天忍穂耳尊《あめのおしほみみのみこと》と結ばれる。高皇産霊尊を月読尊と書いてしまえば、姉弟の子同士が結ばれることになる。決してタブーではなかったが、系譜上、このいとこ婚を避けるためということも考えられよう。しかし、それ以上に『日本書紀』編纂の大前提として、天皇の祖先が中国の魏に朝貢していたなどという不都合な事実を隠す姿勢が影響したとも考えられる。

卑弥呼の男弟の存在をことさら強調しないために、月読尊と高皇産霊尊は別人格（別神格）とされたのではないだろうか。

天孫降臨の真実

続いて、瓊瓊杵尊の日向への天孫降臨について考えてみたい。

『日本書紀』によれば、瓊瓊杵尊は葦原中国の平定をうけて、日向の高千穂の峯に天降られる。記述からはまだ青年であることが伺われる。岳父の高皇産霊尊も健在である。

二二五年前後の誕生が想定されるので、二〇代前半とすると二四〇年代の後半の出来事である。

この頃、女王国はどのような情況だっただろう。「魏志倭人伝」によると、二四七年に卑弥呼が帯方郡《たいほうぐん》（朝鮮半島の中西部にあった郡。当時魏の管轄下にあり卑弥呼はここを窓口として朝貢した）に使いを送り、狗奴国《くなこく》と交戦状態にあることを報告している。これに対して、新しく赴任してきた帯方太守の王頎《おうき》は張政《ちょうせい》らを派遣し、難升米に黄幢《こうどう》（魏の黄色い軍旗）を届ける。

その直後、当年か翌二四八年に卑弥呼は死ぬ。その後、男王が立つが国内が治まらず、一三歳の壹与《いよ》を女王として国が鎮まったと記している。

この狗奴国であるが、女王国の南にあったと記される。邪馬台国は熊本平野全域の拠点集落ネットワークであると考える筆者は、狗奴国域を九州山地の南側であると推定している。現在の宮崎県と鹿児島県の全域である。

狗奴国との紛争がどれほどの規模であったかは記されていない。一般的には、三〇国からなる女王国を怯《おび》えさせ、魏に助けを求めに行かせるほどなので、狗奴国は相当な強国であったという印象を持たれている。

筆者も以前はそう思っていた。しかし、じつは狗奴国はそれほどの脅威でもなかったし、紛争も全面戦争のように大きなものではなかったのではないかと考えるようになってきた。

その戦いの状況については何も記されていないし、王頎へも「説相攻撃状（互いに攻撃しあっている状況を説明した）」のみである。必ずしも助けを求めてきたとは書かれていない。この二四七年の遣使の主な目的は新太守である王頎へのあいさつであり、その際に狗奴国との不仲を伝えたに過ぎないようにも読める。

それに反応して王頎は魏の軍旗を携えた張政らを送るわけだが、それによってとくに大きな戦闘が起きた様子も記されない。直後の記述において、卑弥呼死後の内紛で千余人が殺されたと記すが、その内紛に比べても記すほどのことではなかったということだろうか。

だが、張政らが来倭したからには、何も成果があがらなかったとは思えない。おそらく女王国側が勝利し、なんらかの戦果を得たはずである。そうでなければ郡に戻って報告もできないからである。

そして、このときの対狗奴国戦はすぐに終結したようにもみえる。卑弥呼の死に際して直径百余歩の墓を作り大いなる葬送儀式を行っているし、次期王位をめぐる内紛、そして壹与の共立が行われたりもしているからである。狗奴国との戦いが続いていれば、このようなことはできなかっただろう。

ちょうどその時期に、瓊瓊杵尊は日向へ天降るのである。

図表24の年代観と、『日本書紀』および「魏志倭人伝」の記述を突き合わせると、考

えられるのは次のような経緯であろうか。

二四七年か二四八年に女王国は狗奴国との戦闘に勝利を収める。全域を征服したかもしれないし、休戦協定によりある一定の地域を得たかもしれない。後者のほうが可能性は高いと思う。

そこへ、卑弥呼を共立していた国の王（官）の子を支配地の長官として送り込む。それが、瓊瓊杵尊であり、『日本書紀』の語る天孫降臨であった。

すると、この天孫降臨の前段で語られる葦原中国の国譲りは、狗奴国王卑弥弓呼《ひみここ》の国譲りだったということになるのか。

しかし、どうしても文脈上おかしなことになる。葦原中国の平定で譲られるのは「出雲」であって、「日向」ではないのである。

この矛盾に対して、筆者は、「国譲り」と「天孫降臨」は別々の伝承を『日本書紀』編纂者がひとつの物語につなぎ合わせたものだと考える。

その理由はふたつある。

ひとつは、国譲りを最終決断する事代主神の年齢である。事代主神の誕生は二四〇年頃と推定した。この時期、事代主神はまだ国の大事を判断できる歳には達していないと思われる。つまり、国譲りはもっとあとの出来事なのである。これについては後段詳細を見ていく。

もうひとつは、天孫降臨の記述自体にある。天降った瓊瓊杵尊は自身の行き先について明確な目的地を持っていないのである。よい国を求めて不毛の地を進み、吾田《あた》の長屋の笠狭崎《かささのみさき》に着いたときに、そこにいた事勝国勝長狭《ことかつくにかつながさ》に「ここに国はあるのか否か」などと尋ねているのである。

国譲りの段では、葦原中国がどんな国であるのかを十分に知ったうえで神々を派遣しているように読める。天穂日命《あめのほひのみこと》を送り、その子の大背飯三熊大人《おおそびのみくまのうし》を送り、次いで天稚彦《あめのわかひこ》を送る。さらに、無名雉《ななしきぎし》が送られ、最後に経津主神《ふつぬしのかみ》と武甕槌神《たけみかづちのかみ》が送られる。彼らは自身の行き先を知っているし、経津主神らは国内の諸々の神まで平らげてから復命している。

そのあとに天降る瓊瓊杵尊の目的地が定まっていないなどというのは、文脈上明らかにおかしいのである。

このように、瓊瓊杵尊の天孫降臨と葦原中国の国譲り（あるいは出雲の国譲り）は本来つながった話ではなかったと考えられる。

実際、ふたつを別々の物語として読んでもまったく違和感はない。編纂者が、このふたつの物語の前置きとして、「高皇産霊尊が溺愛する孫の瓊瓊杵尊を、葦原中国の主《きみ》にしたいと思われた」という一文を挿入した。それに惑わされているのである。

さて、天降った瓊瓊杵尊は現地で妻を娶る。鹿葦津姫《かしつひめ》である。別の名を木花開耶姫《このはなさくやひめ》とも神吾田津姫《かむあたつひめ》ともいう。天神《あまつかみ》が大山祇神《おおやまつみのかみ》を娶って生まれた娘だという。

ここにも瓊瓊杵尊より前に天孫系の神がいたことがわかる。狗奴国の男王として「魏志倭人伝」が名を記す卑弥弓呼のことであろうか。卑弥弓呼は卑弥呼と争ってはいるが、その名が示す通り、元は同族だった可能性がある。「魏志倭人伝」の登場人物のなかでこの天神を探れば、男王卑弥弓呼であろうと思われる。

そして、瓊瓊杵尊と鹿葦津姫の間に、二五〇年に生まれるのが初代天皇である。この初代天皇が二九四年、日向の地から東征に発つのであるが、その真相を探る前に畿内および出雲の情況を考えていきたい。

素戔嗚尊に始まる初代皇后の系譜

素戔嗚尊を始祖とする出雲系＝国津神系の系譜について見ていく。これは初代皇后につながる系譜である。

高天原を訪れ、狼藉《ろうぜき》を働き、追い払われた素戔嗚尊が着くのは出雲国である。現在の出雲地方とみて間違いないだろう。

ただ、天照大神と素戔嗚尊が姉弟の関係ではなかったとすると、素戔嗚尊は生来出雲地方を治めていた神だと思われる。素戔嗚尊が天津神ではなく国津神とされるのもそのためだろう。

図表24のように素戔嗚尊の誕生を西暦一九〇年頃とみると、その主要な活躍時期は二一〇年（満二〇歳）から二三〇年（満四〇歳）の頃と想定できる。

その時期の出雲の状況を記す文献史料は現存しない。しかし、「魏志倭人伝」から多少の推測は可能である。「魏志倭人伝」の原史料は、二四〇年に来倭した郡使の報告書だと考えられている。

「魏志倭人伝」は、対馬国（対馬）、一大国《いたいこく》（壱岐島）に関する記事で、両国とも「南北（朝鮮半島、九州島）と交易していた」と記している。また、両国とも官は「卑狗《ひく》」、副官は「卑奴母離《ひなもり》」である。この副官の卑奴母離は、博多湾岸の奴国《なこく》、不彌国《ふみこく》でも副官とされる。

卑狗、卑奴母離が同一人物を表すのか、官職名だったのかは不明だが、明らかに同じ文化圏、交易ネットワークが構築されていたことを示唆している。とくに、朝鮮半島から対馬海峡を渡って博多湾に着くというのは主要ルートである。

そして、この対馬海峡を渡るネットワークは日本海岸沿いに東へ、出雲、さらには遠く越《こし》（現在の福井県、石川県、富山県あたり）まで伸びていたと思われる。

碧玉製管玉《へきぎょくせいくだだま》（碧玉は青色や緑色の不透明な石英。それを管状に磨き糸を通して首飾りや頭飾り、腕飾りにした）の広がりや、中国産水銀朱（水銀朱は赤色の顔料。貴重なものであり、日本海沿岸では弥生時代後期の王墓クラスの墳墓から中国産の水銀朱が見つかっている）、ガラス製品の日本海沿岸への搬入、また四隅突出型墳墓（方形の四隅を外側に突出させた独特な形態の墳丘墓。弥生時代後期に山陰と北陸で多く造営された）

の越への拡散などネットワークの存在を示唆するものも多い。

素戔嗚尊の勢力が三世紀前半に出雲を拠点にしていたとすれば、素戔嗚尊はこの環日本海ネットワークに関連する人物であると考えてよいだろう。朝鮮半島から対馬海峡を越えて、九州島北岸、出雲、伯耆《ほうき》（現在の鳥取県中部および西部）、越へとつながる交易ネットワークを構成する海人部族長のひとりだったと考えられる。

では、素戔嗚尊は「魏志倭人伝」に登場しているのであろうか。

『日本書紀』では高天原で暴れ、天照大神と誓約によって子をなす。天照大神との姉弟説は否定するとしても、これだけ濃厚な記述がなされるということは、素戔嗚尊が女王国、卑弥呼となんらかの接点を持っていた証かもしれない。

「魏志倭人伝」に候補者を探れば、対馬・壱岐島二島の官とされる「大官の卑狗」、もしくは「四国の副官を兼ねる卑奴母離」とみるのが順当であろうか。

あるいは、これは筆者の願望になってしまうが、卑弥呼共立以前の伊都国《いとこく》にあった「王家」の血を引く者であればロマンが広がる。伊都国にいていくつかの国々を統治し、現在の福岡県糸島市にある三雲南小路《みくもみなみしょうじ》遺跡《いせき》や井原鑓溝《いわらやりみぞ》遺跡《いせき》、平原《ひらばる》遺跡《いせき》の王墓に葬られた王たちの血筋である。

「魏志倭人伝」は、卑弥呼共立の前に「倭国乱」があったと記す。その乱の中心には、その王家の「王」がいたはずである。その王が領域拡大を狙って南の諸国へ侵攻したのが乱の原因だったのかもしれない。

しかし、卑弥呼が共立され、乱が収束すると、伊都国から王は消える。爾支《にき》という官と泄謨觚《せもこ》・柄渠觚《へここ》というふたりの副官が置かれ、国々を検察する一大率の拠点が置かれる国へと変貌するのである。これらを素戔嗚尊の高天原追放と重ねてみると面白いが、これについてはまだ筆者の妄想レベルの話である。


素戔嗚尊は八岐大蛇《やまたのおろち》を退治する。それはおそらく、海人族であった素戔嗚尊の部族が陸に上がり、谷あいの部族たちを平らげていったことを投影したものであろう。

そして、須賀の地に宮を建て、奇稲田姫《くしいなだひめ》を娶り大己貴神《おおあなむちのかみ》が生まれる。しかし、素戔嗚尊は早々に根国《ねのくに》へ旅立ってしまう。

初代皇后系譜の始祖である素戔嗚尊は、いわゆる出雲神話では早々に退場してしまい、その後の動向はまったく不明となるのである。

国譲りの真相

代わって登場するのは、その子の大己貴神である。時代は飛んで神代のクライマックス「国譲り」の場面となっている。

この時点で、大己貴神が治める国の領域は出雲の枠を超え、畿内にまで広がっている。『日本書紀』本文では語られないが、異伝中では少彦名命《すくなびこなのみこと》と力を合わせて国づくりをした様子が記されているし、自身の幸魂奇魂《さきみたまくしみたま》を三諸山《みもろやま》（三輪山）に住まわせたともされている。

また、大己貴神の子の事代主神《ことしろぬしのかみ》が娶ったふたりの姫からもそれは読み取れる。ひとりは三島溝橛耳神《みしまみぞくいみみのかみ》の娘の玉櫛姫《たまくしひめ》、もうひとりは陶津耳《すえつみみ》の娘の活玉依姫《いくたまよりひめ》である。

三島溝橛耳神の本拠地は淀川水系の摂津三島、陶津耳の本拠地は、子の大田田根子《おおたたねこ》がいたのが茅渟県《ちぬのあがた》だったことから河内・和泉と思われる。すなわち、大和周辺の有力豪族と姻戚関係を結んでいるのである。

では、この有名な「国譲り」はいつ起きたのか。年代を推定してみよう。

国譲りの最終的な決断を下すのは大己貴神ではなく子の事代主神であるから、実質的に事代主神の世代になっていたと思われる。事代主神の誕生を二四〇年頃、一世代を二五年とすれば、二六五年頃以降となる。

当時、大己貴神・事代主神親子が治める、出雲から大和に至る広大な国域を何と呼んでいたかは不明だが、ここでは『日本書紀』に準じて「葦原中国《あしはらのなかつくに》」としておく。この葦原中国に、天孫系の神が国譲りを強いるのである。

「国譲り」の経緯については、『日本書紀』と『古事記』で多少相違がある。

『日本書紀』は異伝も併載するが、本文の語る経緯は第一章で見た通りである。

略記すると、まず天穂日命《あめのほひのみこと》を派遣するが三年経っても復命せず、その子の大背飯三熊《おおせびみくま》之大人《のうし》を送るも音沙汰がない。続けて天稚彦《あめわかひこ》を送るが、大己貴神の娘の下照姫《したてるひめ》を妻として復命しない。そこで、経津主神《ふつぬしのかみ》に武甕槌神《たけみかつちのかみ》を付けて送り、やっと国譲りが完遂される。

『古事記』でも、まず同様に天菩比命《あめのほひのみこと》を派遣するが、大国主神《おおくにぬしのかみ》（『古事記』では大己貴神ではなく大国主神となっている）に媚《こ》びて三年経っても復命しない。次に送られるのが天若日子《あめわかひこ》であるが、下照比売《したてるひめ》を妻として八年経っても戻らなかった。そこで、建御雷《たけみかづち》之男神《のおのかみ》に天鳥船神《あめのとりふねのかみ》を付けて送り、国譲りを強いる。結果的に国譲りは完遂されるが、『古事記』では大国主神に事代主神とは別にもうひとりの子、建御名方神《たけみなかたのかみ》がいて、力競べを申し出、負けそうになると科野国《しなののくに》まで逃げて手こずらせることになっている。

それと、国譲りに関してはもうひとつ興味深い文献史料が残っている。「出雲国造神《いずものくにのみやつこのかむ》賀詞《よごと》」というものである。

これは、出雲国造《いずものくにのみやつこ》が新任されたときに朝廷へ参向して奏上する祝詞《のりと》であり、延喜式《えんぎしき》巻八附録祝詞に収められている。また、『続日本紀《しょくにほんぎ》』の霊亀《れいき》二年（七一六年）に、出雲臣《いずものおみ》果安《はたやす》が元正天皇に奏上したという記事が見られる。

その祝詞の内容はまた少し異なっている。国会図書館デジタルコレクション『延喜式第2』によると、題目に続けて「出雲国造は穂日命の後なり（出雲国造は天穂日命の子孫である）」と明記して祝詞が始まる。

まず、高天原の高御魂神魂命《たかみむすびかみむすびのみこと》（高皇産霊尊《たかみむすひのみこと》）が、出雲臣《いずものおみ》らの遠祖である天穂比命《あめのほひのみこと》を天下《あめのした》の視察に派遣する。復命した天穂比命は、「豊葦原《とよあしはら》の水穂国《みずほのくに》は騒々しく怪しい神のいる荒々しい国であるが、平らげ鎮めてみせましょう」と言って、自身の子である天夷《あめのひな》鳥命《とりのみこと》に布《ふ》都《つ》主命《ぬしのみこと》を副《そ》えて派遣する。そして、この二神が荒ぶる神々や国づくりを成し遂げていた大穴持命《おおあなもちのみこと》（大己貴神のこと）を鎮めたと述べる。

『日本書紀』『古事記』は天穂日命が復命しなかったと記すが、「出雲国造神賀詞」の天穂日命は復命し国譲りを指揮している。相反する内容である。

『延喜式』は九二七年の完成とされるので、この文章がいつ頃からこの内容で語られていたかは不明である。七一六年に出雲臣果安が奏上した祝詞は、内容の異なるものだったかもしれない。しかし、『延喜式』の記す祝詞は『日本書紀』と併存する状況で伝わったものであるから、真っ向から非難される内容でもなかったと思われる。

『日本書紀』は天穂日命の不名誉を記す一方で、「出雲国造神賀詞」と同様に出雲臣・土師連《はじのむらじ》らの祖であるとも記しているのである。

この「復命」については、『日本書紀』本文は最終的に経津主神・武甕槌神が復命したとは記すが、それに続く記述は先に見た瓊瓊杵尊の「日向」への天孫降臨である。誰が大和の「葦原中国」に降臨して統治したかは記さないのである。

現実問題として、当時、九州の高天原から大和を遠隔統治することは難しいと思われる。そういう意味で、この国譲りに関しては、ほぼ行きっぱなしの軍事行動だったと考えてよいのではないだろうか。神武東征以前の東征といってよいかもしれない。すると、天穂日命が「復命」しようがしまいが、その子孫が国譲りを成し遂げ、彼らが「葦原中国」を治めた可能性が高い。それは、天夷鳥命であり、天鳥船神であり、『日本書紀』では大背飯三熊之大人（武三熊之大人《たけみくまのうし》）ということになるのだろう。『日本書紀』では崇神天皇紀六〇年条に、天皇が「出雲大神の宮にある武日照《たけひなてる》命が天から持ってきた神宝を見たい」とおっしゃったという記事が見られる。この武日照命は、別名として武夷鳥《たけひなとり》あるいは天夷鳥《あめひなとり》とも記されている。

　おそらく国譲りの実行者かつその後の支配者のことであり、大背飯三熊之大人と同一人物ではないかと筆者は考える。仮に国譲りが二六五年とすれば、二二五年頃生まれた大背飯三熊之大人が天降ったのは四〇歳前後ということになる。

　文献により筋書きや神名・人名が異なり、さまざまな解釈が可能だと思うので人物の断定は心もとないが、二六五年を過ぎたころに天孫が大和に来て、大己貴神・事代主神に国を譲るよう強要したのは間違いないだろう。

そして、この人物こそが神武東征譚に登場する饒速日命《にぎはやひのみこと》だと思われる。場面は変わり名も変わっているが、饒速日命は、東征のきっかけとなった塩土老翁《しおつつのおじ》の話では、国を治めるのに適した東の地に天磐船《あめのいわふね》に乗って既に天降っていたとされる。

また、天神の証拠である天羽羽矢《あまのははや》と歩靫《かちゆき》を携えており、神武天皇のそれと同じものであったと記されているのである。

吉備へ逃れた事代主神

さて、国譲りの騒動のなかで、大己貴神は命を落としたかもしれない。あるいは饒速日命に殺害された可能性もある。しかし、事代主神は先に見たように生き延びるのである。

事代主神はどこへ向かい、どこに八重の青柴垣に囲まれた宮を造ったのであろうか。

もっとも可能性が高いのは、岳父である三島溝橛耳神《みしまみぞくいみみのかみ》や陶津耳《すえつみみ》を頼ることだろう。すると、必然的に大阪湾（当時の河内湖）、瀬戸内海方面に向かったと思われる。岳父ふたりの勢力圏がどこまで及んでいたのかは不明だが、西に向かうと主要な国として行き着くのは、播磨、阿波・讃岐、吉備といったところだろうか。「魏志倭人伝」の言及する「倭種（倭の系統の人）の国々」、「侏儒国《しゅじゅこく》」、「裸国《らこく》」、「黒歯国《こくしこく》」などがあったとされる地域に相当する。どこも瀬戸内海沿岸なので事代主神が宮を造った「海のなか」のイメージに当てはまるのであるが、ここでは有力な候補地として吉備を挙げておきたい。

吉備であれば、大和とは一定の距離を保てる。もちろん一族の故地である出雲と距離的に近いというのもあっただろう。ただし、吉備と出雲は中国山地で隔てられているため、従来から適度な距離感を保っていたように思われる。楯築墳丘墓《たてつきふんきゅうぼ》や特殊器台《とくしゅきだい》・特殊壺にみられるように、二、三世紀を通して吉備は、出雲や大和とは違った独自の文化を育んでいた。ある種特別な地域であったといえる。

もちろん吉備、播磨、阿波・讃岐の間にまったく交流がなかったとは思わない。播磨と阿波・讃岐では類似した埋葬構造の墳丘墓が造られているし、播磨では吉備と同種の特殊器台・特殊壺も出土している。また、時代は少し古くなるが瀬戸内海沿岸では分銅《ふんどう》型土製品《がたどせいひん》という用途不明の遺物も広く普及していた。ある程度干渉し合いながらもゆるやかな連携は保たれていたのだろう。ただ、そのなかでは吉備が頭ひとつ抜きんでていたようにはみえる。

また、『古事記』が、『日本書紀』の語る四道将軍（一一六頁参照）のうち吉備津彦《きびつひこ》の派遣だけを載せないのもひとつの根拠となりうるのではないか。これについては後述する。

事代主神がどのように吉備に受け入れられていったかについては、検証するすべがない。葦原中国の支配者として名前は広く知れ渡っていただろうが、それだけで敗者・追放者を受け入れはしないだろう。岳父の後押しがあったのか、それともまだそれなりに強力な軍事力を維持できていて、半ば強引に侵入したのだろうか。あるいは、新興の饒速日命勢力に対抗するための価値ある亡命者と判断されたのだろうか。いずれにしても、宮を造営したとすれば、貴人層、支配層として受け入れられたのは間違いないだろう。

吉備と彦火火出見尊

その宮へ日向から初代天皇（彦火火出見尊《ひこほほでみのみこと》）がやってくるのである。兄の火闌降命《ほのすそりのみこと》（海幸彦）に釣針の紛失を責められ、塩土老翁の手引きでたどり着くのが事代主神（海神）の宮なのである。

そこで初代皇后（＝豊玉姫《とよたまひめ》＝媛蹈鞴五十鈴媛《ひめたたらいすずひめ》）と結ばれ、三年の滞在ののち、兄を攻め悩ませる方策を伝授され、日向に帰還する。帰還後それを実行し、兄は降伏することとなる。

海幸山幸神話は、第一章で考えたように兄弟の確執というより部族間の紛争を投影しているように思われる。火闌降命（海幸彦）は吾田君小橋《あたのきみおばし》すなわち現在の鹿児島県にいた隼人の本祖とされる。第一章ではそれが浜辺の部族、彦火火出見尊側の日向族は山の部族と想定した。

しかし、ここに至っては、隼人族は狗奴国《くなこく》勢力であり、日向族は高天原（女王国）から日向に天降った天孫族であったと考えられる。ひと言でいうと、狗奴国勢力と天孫勢力が争い、吉備の事代主神の支援を得た天孫勢力（日向族）が勝利したことを描いていたのである。天孫降臨後もふたつの勢力間では頻繁に境界争いが起こっていたのかもしれない。

では、初代天皇が初めて吉備に行ったのはいつだろうか。「初めて」というのは、のちの東征の際にも吉備に滞在するからである。

それを探る手がかりは、初代皇后の年齢と、その子である垂仁天皇の年齢である。図表24の推定で二六五年頃誕生した初代皇后が、初代天皇の子を生むのを満二〇歳を過ぎてからと仮定すると、二八五年以降ということになる。

そして、その子として、図表24では神武天皇の御子を系譜に記載しておいた。彦火火出見尊の子の鸕鷀草葺不合尊《うがやふきあえずのみこと》と、崇神天皇の皇后の御間城姫《みまきひめ》は、系譜の整合性をとるためにこの位置に入れられた人物だと考えたからである。

しかし、初代天皇を継ぐのは第一一代垂仁天皇である。第二代綏靖天皇ではない。

筆者は、『日本書紀』の設定する天皇の代数を筆者の説にあわせて変更しようという気持ちはまったく持っていない。だから、少しややこしいのだが、初代天皇（第一〇代崇神天皇）の次は一一代垂仁天皇であり、以降、一二代景行天皇、一三代成務天皇、一四代仲哀天皇と続く。

そこで、垂仁天皇の系譜を見て新たな気づきがあった。綏靖天皇は神武天皇の第三子とされるが、垂仁天皇も崇神天皇の第三子なのである（図表25）。

■図表25　初代天皇と垂仁天皇の系譜

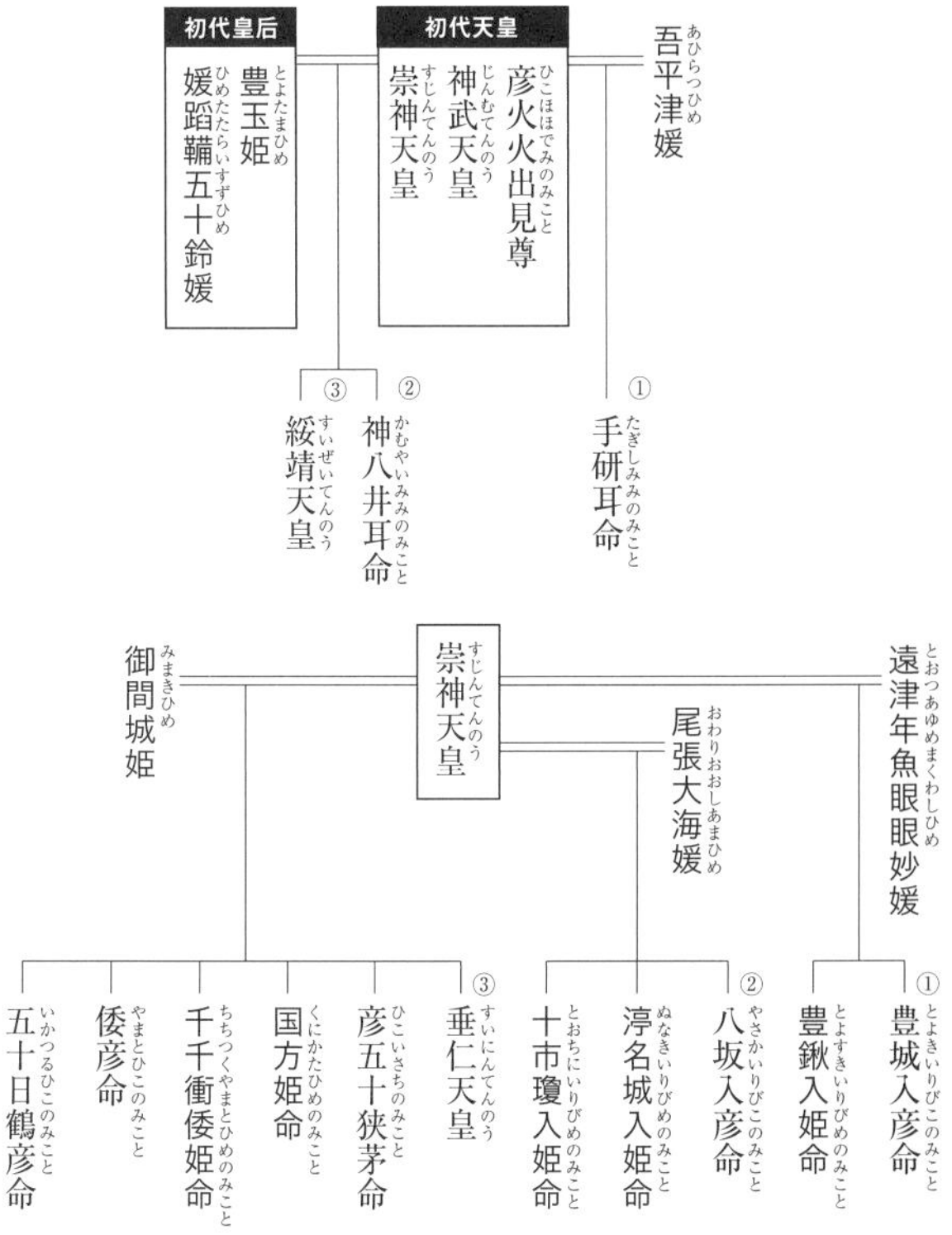

これは、神武天皇と崇神天皇の同一人物説の根拠を探ったときには漏れていた共通点である。

崇神天皇紀で子女を列記する際には、御間城姫との間の垂仁天皇を筆頭とする六人を記したあとに、またの妃、遠津年魚眼眼妙媛《とおつあゆめまくわしひめ》との間のふたり、次の妃、尾張大海媛《おわりおおしあま》との間の三人を記す。

この記事では出生順はわからないが、垂仁天皇紀の冒頭で、崇神天皇の「第三子」であると明記されている。少し唐突感のある一文であるが、『古事記』に準じれば豊城入《とよきいり》彦命《びこのみこと》が長男、八坂入彦命《やさかいりびこのみこと》が二男、垂仁天皇が三男ということになる。

ただし、初代天皇・初代皇后の系譜を信じれば、吉備にいた初代皇后が産むのは第二子と第三子（綏靖天皇）である。長子は日向の吾平津媛《あひらつひめ》との間に出来ている。

そこで、垂仁天皇の誕生年を知りたいところではあるが、『日本書紀』の記事は微妙に錯綜している。

崇神天皇紀では治世四八年に垂仁天皇が皇太子になったとされる。しかし、垂仁天皇紀では崇神天皇の二九年に生まれ、二四歳のときに皇太子になったと記される。これを信じれば、立太子は崇神天皇五二年でなければならない。四年の差が生じ、両者は一致しないのである。「原日本紀年表」（三七頁参照）で崇神天皇四八年は西暦三一六年である。これを基準に崇神天皇紀から算出できる垂仁天皇の誕生年は二九三年となる。

一方、崇神天皇五二年は無事績年なので垂仁天皇紀からは導けないが、深読みして二九三年から両紀の差である四年を下らせれば、誕生年は二九七年となる。ただし、その場合三一六年の立太子は二〇歳となる。

このような齟齬《そご》は原史料の曖昧さから生じていると思われる。この年代、とくに初代天皇即位以前にさかのぼる記録や伝承に、正確な数字を求めるのは無理があるのかもしれない。『日本書紀』編纂者たちは記述の整合性に気をつけながら作業を進めたとは思われるが、人の年齢のようなただでさえ曖昧さの付きまとう情報については多くの異伝が存在し、なかなか断定することができなかったのだろう。さらに、それらをいったん『原日本紀』に編修したのちに、無事績年を挿入して紀年延長しなければならなかった。じつに複雑な作業で整合性をとるのも大変だったと思われる。ただし、記述からは垂仁天皇の誕生がおおむね二九〇年代であったと推定できる。

筆者も断定は避けるが、仮に二九七年の誕生であるとすれば、東征の記述と整合性のとれたきれいな筋書きができるのは確かである。それは、次のようなものである。

二八〇年代半ばを過ぎた頃、日向の地で隼人族との長年の紛争に悩んでいた初代天皇は、塩土老翁の手引きにより吉備との連携を模索する。吉備に直接おもむいて支援を取りつけ、撃退策を授けられたのち帰郷する。その間、事代主神の娘である初代皇后と結婚する。皇后はのちに日向で初代天皇の第二子（図表25で神八井耳命《かむやいみみのみこと》）を産むが、出産後吉備（海宮）に戻ったとされている。

二九四年、初代天皇は国を治めるのに適した地である大和をめざして、日向から東征に旅立つ。

翌二九五年、吉備に入る。ここで初代皇后と再会するわけである。

そして、大和征圧の準備を整えている三年の間、二九七年に垂仁天皇が誕生する。

その翌年、二九八年には大和へ進軍し、苦闘の末、饒速日命《にぎはやひのみこと》の勢力を帰順させる。

続く二九九年に橿原宮造営に着手し、三〇〇年に吉備から初代皇后を呼び寄せて正妃とする。当然、四歳になった垂仁天皇も同行したことだろう。

垂仁天皇二九七年誕生説にたてば、吉備と初代天皇、初代天皇と初代皇后、垂仁天皇の関係をこのように組み立てることができるのである。

神武天皇はなぜ吉備をめざしたのか？

少し時間を戻して、東征への出発である。

筆者は『日本書紀』の語る神武東征譚を読んだ当初から、ふたつの疑問を抱いていた。ひとつは、なぜ初代天皇（神武天皇）は吉備を目指したのか、である。

序章で見たように、神武天皇は二九四年の一〇月五日に日向を出発し、翌二九五年三月六日にはもう吉備国に入られる。途中、宇佐の一柱騰宮《あしひとつあがりのみや》、安芸国の埃宮《えのみや》に滞在されたとするが、非常に短期間の滞在であり、そこで軍勢を増強するなどの余裕はなかったと思われる。当初から吉備国を目的地として海路を急いだように見えるのである。

もうひとつの疑問は、吉備に滞在されるのがわずか三年間だということである。そんな短期間で、大和征圧に必要な準備が本当にできるものだろうか。

『日本書紀』は船舶を整え、兵器や食糧を蓄えたと記すが、当然多くの兵士を集め軍勢も整えなければならない。初代天皇が吉備における新参者だったとしたら、到着したばかりの吉備で短期間のうちにそれを実現できるだろうかと思ったわけである。

それが、いま見てきたような経緯があったとすれば、一気に記述の信憑性が増すのである。

つまり、初代天皇は東征に発つ以前に一度吉備を訪れ、その実態を目の当たりにしていた。豊かな国力も知っていた。そして、事代主神の娘を娶り、形式上はともかく実質的に姻戚関係にあった。もちろん事代主神が大和を逃れた詳細な経緯も耳にしていたはずである。事代主神自身が饒速日命への反撃を計画していたかもしれない。もう少し想像を広げれば、最初の吉備来訪以来、頻繁に連絡を取り合っていたり、ともに大和攻略を画策していた可能性も考えられるのではないだろうか。

『日本書紀』の記述でも、彦火火出見尊の日向帰還にあたって、海神はわざわざ彦火火出見尊を「送り奉って」いる。

ともかく、このような前提抜きには、神武東征譚を現実のこととして受け入れることはできないのである。

第四章

邪馬台国からヤマト王権へ

邪馬台国はヤマト王権の源流である

前章まで、神武東征以前の真実を探ってきた。

『日本書紀』編纂者たちは、邪馬台国に都をおいた女王国と、その女王卑弥呼の存在を知っていた。それは高天原であり、天照大神である。

そして、事代主神《ことしろぬしのかみ》に真実解明の鍵を預けていた。事代主神の配された位置から復元できる神々の系譜に、ヤマト王権誕生以前の世界を描いていたのである。

残念ながら、その後の邪馬台国（女王国）について詳細は記されていない。卑弥呼を継いだ壹与《いよ》も登場しない。

それは、瓊瓊杵尊《ににぎのみこと》が日向《ひむか》に天降ってから以降、邪馬台国の情報が希薄になったからであり、仕方のないことだといえる。同時に、初代天皇・初代皇后の系譜を中心に据えて記述する『日本書紀』には不必要な情報でもあった。

しかし、邪馬台国（女王国）はヤマト王権誕生に大きく関与していた。「はじめに邪馬台国（高天原）ありき」「はじめに卑弥呼（天照大神）ありき」なのである。

　卑弥呼に実子がいなかったとしても、男系では高天原にいた天忍穂耳尊《あめのおしほみみのみこと》、あるいはその岳父の高皇産霊尊《たかみむすひのみこと》までは血統をさかのぼれる。ヤマト王権の源流は邪馬台国（女王国）にあったといって間違いはない。

　それが、本書の結論であり、筆者が『邪馬台国は熊本にあった！』の執筆を始めたときから知りたかったことでもある。

事代主神に託された神代の真実

　神代の考察は記述の前後関係も入り組み、ひとりの人物が名を変えて幾度も登場するなどしたため、非常にわかりにくい説明になってしまったかもしれない。

　ここで改めて邪馬台国（女王国）からヤマト王権にいたる筋書きをまとめておこうと思う。

　なお、わかりやすさを優先するため結論保留の事柄についても、この物語では異論を併記せずに進めたい。「一書曰《あるふみにいわく》」を多用する『日本書紀』形式ではなく、『古事記』の形式である。例えば、卑弥呼に実子がいたかどうかは不明だが、ここでは「いなかった」

説を採用して話を進めていく。

また、神代の記述には年次が付されないので、時間軸の設定は非常にむずかしい。図表24で登場人物の誕生年を推定することによって、出来事の年代想定を行ったが、どうしても誤差を小さくすることはできなかった。いいわけになるが、推定年代についてはある程度幅を持たせたものであるということはご了解いただきたい。

なお、「初代天皇」「初代皇后」については、即位・立后までは「彦火火出見尊《ひこほほでみのみこと》」「豊玉姫《とよたまひめ》」とする。

＊＊＊

二世紀後半、九州山地の北側に乱立した国の間で紛争が続いていた。きっかけをつくったのは伊都国王《いとこくおう》である。当時、伊都国を都としていた王は、朝鮮半島南部の狗邪韓国《くやかんこく》から対馬国《つしまこく》、一大国《いちだいこく》の二島、西は東松浦半島の末盧国《まつらこく》、東は福岡平野の奴国《なこく》までを手中におさめていた。その王が、南の筑紫平野に勢力拡大を目論んだのが戦乱の端緒であった。

日々の戦闘に疲れた国々の間に和平を求める機運が高まり、会談が行われた。その結果、ひとりの若い女性を王として同盟を結ぶことが決まり、都は邪馬台国に置かれることとなった。女王卑弥呼の誕生であり、二世紀末の出来事であった。

三世紀になり、大規模な戦闘もなく比較的平穏な日々が続く。

卑弥呼のもとには大小三〇国が連合し、各国には官・副官がおかれた。あるいは女王直属の機関として一大率《いちだいそつ》や大倭《だいわ》が設けられ、各国を横断的に監視していた。一大率は各国の統治が正しく行われているかを監察し、大倭は租税の取り立てやその管理、国々におかれた市の監督など主に経済面の役目を担っていた。

一方、女王国連合とは別に、朝鮮半島、対馬、壱岐島、九州北岸から出雲、伯耆《ほうき》、因幡、丹波、越《こし》にいたる交易ネットワークが存在していた。

古くからあったこの環日本海ネットワークが、活発な交易を背景に大きな力を蓄えつつあった。次第に玉や鉄資源の流通も掌握するようになっていた。三世紀も一〇年を過ぎた頃から、その中心となりネットワークを束ねるようになるのが、出雲に本拠を持つ素戔嗚尊《すさのおのみこと》である。

素戔嗚尊の出雲勢力は、対馬国、一大国、奴国、不彌国《ふみこく》など、女王国に参加しながらも環日本海ネットワークと重なる国々に、とくに経済面で大きな影響力を有していたと思われる。

この海の民である出雲勢力は、二一五年に大己貴神《おおあなむちのかみ》が生まれた頃から潤沢な財力と兵力により東に向かって支配地域を拡げていく。

女王国を激震が襲うのは二三八年のことである。遼東地方（現中国の遼東半島）から朝鮮半島中西部に勢力を維持していた公孫氏《こうそんし》が魏に討伐されるのである。

帯方郡《たいほうぐん》がそれに先がけて平定されたことを察知した卑弥呼は、公孫氏の滅亡を確信し、魏に使いを送ることを決断する。即座に難升米《なしめ》を長とする使節が結成され、帯方郡経由で一二月には魏の都・洛陽《らくよう》に到着する。魏の明帝《めいてい》は卑弥呼に親魏倭王《しんぎわおう》の称号を与え、これにより女王国は魏の冊封体制に入ることとなった。

この倭の女王国からの初の朝貢に対し、二四〇年には梯儁《ていしゅん》が率いる郡使一行が海を渡ってくる。彼らは女王国の都のある邪馬台国に行き、皇帝の詔書・印綬と多くの下賜品を直接卑弥呼に手渡す。

まさにこの二四〇年、出雲では事代主神《ことしろぬしのかみ》が誕生する。この頃には、素戔嗚尊を継いだ大己貴神が率いる出雲の勢力圏は、大和にまで及ぼうとしていた。

卑弥呼（天照大神）を共立して約半世紀経った女王国（高天原）では、各国で新たな指導者層が育っていた。天忍穂耳尊《あめのおしほみみのみこと》、天穂日命《あめのほひのみこと》、天津彦根命《あめつひこねのみこと》、活津彦根命《いくつひこねのみこと》、熊野櫲樟日《くまののくすびのみこと》命、そして宗像三女神と称された田心姫《たこりひめ》・湍津姫《たぎつひめ》・市杵嶋姫《いちきしまひめ》などである。

天忍穂耳尊は、卑弥呼の弟であり長老格の高皇産霊尊《たかみむすひのみこと》の娘栲幡千千姫《たくはたちぢひめ》を妻とし、二二五年頃には瓊瓊杵尊《ににぎのみこと》をもうけていた。

女王国（高天原）は以前から、男王卑弥弓呼《ひみここ》が率いる狗奴国《くなこく》の散発的な侵攻に手を焼いていた。九州山地の南側一帯を支配下においていた狗奴国は、女王国には参加せず、頻繁に山地を越えては北の女王国に侵攻を繰り返していたのである。

根本的な解決をめざしていた卑弥呼であるが、二四七年、新しく帯方太守となった王《おう》頎《き》へあいさつのための使節を送った際に、狗奴国との紛争状況などを報告する。王頎は即座に反応し、張政《ちょうせい》一行が魏の軍旗を携えて来倭することになる。

その効果はてきめんで、女王国は侵攻軍を撃退するだけでなく、一気に狗奴国領域内に攻め込み有利な和平案を引き出す。翌二四八年のことである。

和平交渉で女王国に割譲された日向の地に、ただちに統治のための司令官と駐留部隊が送り込まれる。司令官に任命されたのは天忍穂耳尊の子瓊瓊杵尊である。

瓊瓊杵尊は九州山地を越え高千穂から日向へと降っていった。天孫降臨、同じく二四八年である。

この年、瓊瓊杵尊出立ののち、女王国内（高天原）でさらに大きな出来事が起きる。七〇歳を超えていた女王卑弥呼（天照大神）が亡くなるのである。卑弥呼は百余人の奴婢とともに直径百余歩の墓に葬られる。

瓊瓊杵尊は、着任して間もなく狗奴国王卑弥弓呼の娘である鹿葦津姫《かしつひめ》を娶る。そして、二五〇年に生まれるのが彦火火出見尊《ひこほほでみのみこと》である。

この日向国であるが、女王国の飛び地として誕生した性格上、本国との連絡も円滑ではなかった。また、直後に起きた天照大神（卑弥呼）の死亡とそれに続く内戦などを経て、次第に独立国としての色合いを強めていくこととなる。

女王国（高天原）では卑弥呼（天照大神）の没後、一時男王が立つが国は治まらず内戦が勃発する。苦肉の策として一三歳の女子壹与《いよ》を共立し、女王国として再結集することができた。

壹与が女王となった頃から、女王国（高天原）は出雲侵攻を視野に入れ始める。対馬海峡の交易を牛耳る大己貴神《おおあなむちのかみ》の出雲勢力との間に確執が生じたり、大和まで領域を拡げる急激な巨大化に大いなる危機感を抱いたからである。

その頃、二五〇年代には、大己貴神の出雲勢力の中心は大和に移り、そこから日本海沿岸および近江、さらには伊勢、尾張など東方を治める構図になっていたと思われる。女王国ではその国を「葦原中国《あしはらのなかつくに》」と呼んだ。

子の事代主神が二〇歳を迎える頃には、三島溝橛耳神《みしまぞくいみみのかみ》の娘の玉櫛姫《たまぐしひめ》と陶津耳《すえつみみ》の娘の活玉依姫《いくたまよりひめ》との縁談を成立させ、摂津、河内、和泉など周辺地域との関係も強化する。

壹与の女王国は、葦原中国攻略の第一歩として、二六〇年過ぎに高齢の天穂日命《あめのほひのみこと》を密偵として送り込む。この頃には高皇産霊尊《たかみむすひのみこと》は亡くなり、壹与が先頭に立って事を進めていた。天穂日命は大己貴神の懐に飛び込んで、三年にわたって葦原中国をつぶさに観察する。

そこで攻略の計画を立てた天穂日命は、復命せずに自分自身で計略を実行しようとする。

そして、密かに子の大背飯三熊之大人《おおせびみくまのうし》と連絡をとり、二六五年、綿密に練られた作戦を実行に移す。大背飯三熊之大人が女王国から率いてきた実行部隊には、経津主神《ふつぬしのかみ》や武甕槌神《たけみかつちのかみ》も名を連ねていた。

作戦は大己貴神と事代主神が別々にいるところを狙った奇襲だったが、見事に成功する。大己貴神は殺害され、事代主神は命からがら逃げ延びる。

勝利した天穂日命と大背飯三熊之大人の親子は、有力豪族であった長髄彦《ながすねひこ》を傘下に引き入れ、その力を借りて葦原中国の支配に乗り出す。その王に据えられたのは、饒速日命《にぎはやひのみこと》と名を変えた大背飯三熊之大人である。当時四〇歳であった。

天穂日命はこの戦いの最中か、その後まもなくしてこの世を去る。出雲か大和に、王の父として盛大に葬られたと思われる。

一方、あやうく難を逃れた事代主神は、本来の勢力基盤である海人族勢力とともに、岳父を頼って瀬戸内海方面へ向かい、吉備に受け入れられて再起を図ることとなる。

まもなく、玉櫛姫との間に豊玉姫《とよたまひめ》が、活玉依姫との間に大田田根子命《おおたたねこのみこと》が生まれる。

女王国の壹与は、葦原中国の征服が目論み通りに進まず、不満を募らせていた。天穂日命と大背飯三熊之大人親子の独断専行により、葦原中国を実質的に統治することができないでいたからである。そんな頃、中国では魏が滅亡し西晋が建国されたことを知った壹与は、二六六年、西晋に使いを送る。

さて、その後の日向国だが、瓊瓊杵尊は崩御され、彦火火出見尊《ひこほほでみのみこと》が後を継いでいた。妃の吾平津媛《あひらつひめ》との間には手研耳命《たぎしみみのみこと》も生まれている。本国とのつながりはすでに希薄なものとなり、日向国は女王国と狗奴国の間で中途半端な独立を保っていた。

二八〇年代に入って、日向国は狗奴国の度重なる挑発に手をこまねいていた。瓊瓊杵尊と鹿葦津姫の結婚により一度は平穏になっていた狗奴国との関係にも、世代が替わったことにより改めて緊張感が芽生えていたのである。そんな二八〇年代も半ばを過ぎた頃、悩む彦火火出見尊の前に現れたのは塩土老翁《しおつつのおじ》である。

大和での国譲りの経緯を知る塩土老翁は、彦火火出見尊に事代主神との連携を持ちかける。

塩土老翁の導きで吉備の事代主神の宮を訪れた彦火火出見尊は、狗奴国撃退の策を授かる。不思議な効力を持つ潮満玉《しおみちのたま》と潮涸玉《しおひのたま》は出雲の海人族に伝わる神宝だったのだろうか。あるいは単に事代主神軍の加勢ということだったのかもしれない。

吉備滞在中に大和における事代主神の災難を耳にし、それが女王国の天穂日命や大背飯三熊之大人（饒速日命）の仕業によるものであったことを知る。しかし、いまや女王国とは疎遠で、大背飯三熊之大人とは何ら接点のない彦火火出見尊は吉備との同盟を選ぶ。

日向に戻った彦火火出見尊は、狗奴国への反撃を開始する。強力な事代主神の軍勢を引き連れていたかもしれない。執拗《しつよう》な攻撃により狗奴国王は降伏し、以後、隼人族として服従を誓う。その間、吉備で妻となっていた豊玉姫が彦火火出見尊の第二子となる神八井耳命《かむやいみみのみこと》を出産する。

狗奴国を撃破したのは、二九〇年を少し越えた頃だろうか。

そして、二九四年一〇月五日、平静を取り戻した日向国をあとにし、彦火火出見尊の一団は東征へと出発する。最初の目的地は、事代主神の待つ吉備である。

ここから吉備への道中は序章で見た通りである。

宇佐の一柱騰宮《あしひとつあがりのみや》、岡水門《おかのみなと》、安芸の埃宮《えのみや》を経て、翌二九五年三月六日に、吉備に到着する。

吉備で高嶋宮を造営した彦火火出見尊は、さっそく事代主神とともに大和進軍の準備にとりかかる。事代主神が事前に準備を進めていたこともあり、わずか三年間で充分な兵力と船舶、武器、兵糧を整える。

また、吉備で再会した豊玉姫との間には、二九七年に垂仁天皇も誕生する。

そして、二九八年二月一一日、天孫彦火火出見尊を旗頭とした日向・吉備連合軍は、大和へ進軍する。

四月、生駒山を越えて大和へ入ろうとするが、長髄彦《ながすねひこ》の軍に待ち伏せされ敗退する。

この戦闘で傷ついた兄五瀬命《いつせのみこと》も喪うこととなる。

そこで、仕方なく南の紀国《きのくに》へ回り込んで大和をめざす。ここからは、日臣命《ひのおみのみこと》（のちの道臣《みちのおみ》）、大来目《おおくめ》、八咫烏《やたがらす》、弟猾《おとうかし》、椎根津彦《しいねつひこ》、弟磯城《おとしき》などの目をみはる活躍により、困難を退けながら進軍を続ける。

そして、一二月ついに長髄彦と再度戦火を交えることとなる。戦線は膠着《こうちゃく》する。伝令のやりとりにより、彦火火出見尊は長髄彦に対して自身の持つ天羽羽矢《あまのははや》と歩靫《かちゆき》を見せる。それは長髄彦が仕える饒速日命《にぎはやひのみこと》の持つ天神の証である天羽羽矢・歩靫と同じものであり、自身も天神の子であると告げる。長髄彦もそれを認めはするが、戦闘を止めようとしない。

しかし、ここで彦火火出見尊が天孫であることを知った饒速日命が改心する。長髄彦を殺害し、部下を引き連れて帰順してくるのである。ただし、この饒速日命は、年齢を考えると国譲りの実行者であった大背飯三熊之大人ではなく、二代目の饒速日命だった可能性が高い。つまり、初代饒速日命が長髄彦の妹の三炊屋媛《みかしきやひめ》を妻として生まれた可美《うまし》真手命《までのみこと》のことである（図表26）。

この第二代饒速日命の帰順により、彦火火出見尊はついに大和の地に足を踏み入れる

■図表26　饒速日命の系譜

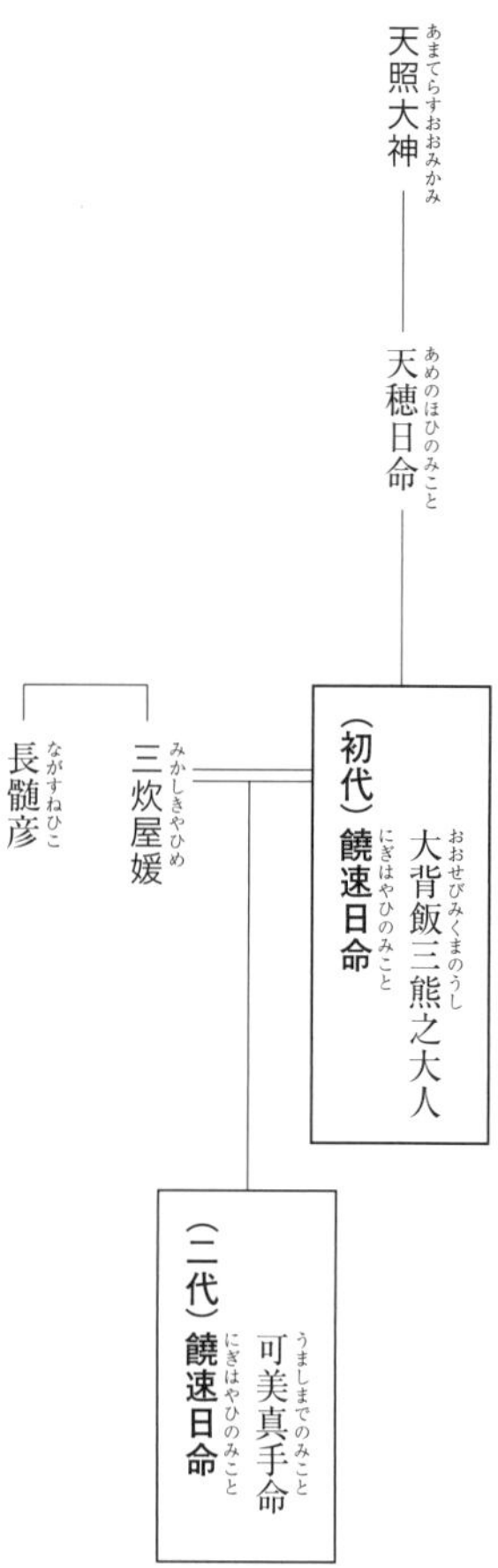

こととなった。次になすべきは、奈良盆地内の平定である。

翌二九九年には、層富県《そほのあがた》の波哆丘岬《はたのおかさき》にいた新城戸畔《にいきとべ》、和珥《わに》の坂下《さかもと》にいた居勢祝《こせのはふり》、臍見《ほそみ》の長柄丘岬《ながらのおかさき》にいた猪祝《いのはふり》という帰順しなかった三豪族を皆殺しにする。

また、高尾張邑《たかおわりのむら》にいた土蜘蛛《つちぐも》を成敗しその邑《むら》を葛城《かずらき》と名付ける。

ひとまず大和を平定した彦火火出見尊は、この年、橿原の地で都造りに着手する。

三〇〇年には吉備から豊玉姫を呼び寄せ、正妃とする。

そして三〇一年一月一日、彦火火出見尊は橿原宮で初代天皇として即位される。時に五二歳、御間城入彦五十瓊殖天皇《みまきいりびこいにえのすめらみこと》すなわち崇神天皇《すじんてんのう》の誕生である。

隣には豊玉姫が立后された初代皇后と、五歳となった次期天皇活目入彦五十狭茅天皇《いくめいりびこいさちのすめらみこと》すなわち垂仁天皇《すいにんてんのう》が寄り添っていたはずである。

以後、この皇統は時代を超えて脈々と受け継がれていく。

＊＊＊

このように、三世紀の大和は三回にわたる支配層の入れ替わりを経験したのである。もともといくつかの土着部族が割拠していた大和に、最初に来たのは大己貴神・事代主神が率いる出雲勢力であり、次は女王国の一派である饒速日命の勢力であった。

さらに、四世紀となる直前になって、彦火火出見尊・事代主神の日向・吉備連合勢力がやってくる。そして、三〇一年、ついに現代日本につながるヤマト王権は誕生するのである。

第五章　その後の事代主神

名実ともに「神」となる

前章では、ヤマト王権誕生以前に、邪馬台国（女王国）、出雲、日向、吉備、そして大和で何が起きていたのかについて書きつづってみた。

わかりやすさを優先したつもりだが、筆者の想いが強く反映され、多少フィクションぽくなった部分があることは否めない。

本章ではそのあたりを補正しつつ、その後の事代主神についていくつかの視点から捉えていきたい。

『日本書紀』は初代天皇である崇神天皇即位後、突如饒舌に大和の出来事を語り始める。その最初の大事件は、治世五年条に記される民の半数が死ぬほどの疫病の流行と、治世六年条に記される百姓《おおみたから》の流離・反逆であろう。

それらの原因は大物主神《おおものぬしのかみ》（事代主神）だとされ、その子大田田根子《おおたたねこ》を探し出し大物主神（事代主神）を祀らせることによって疫病は終息し国内は鎮まったとされる。

崇神天皇五年は、原日本紀年表では三〇七年にあたる。この時点で事代主神は文字通り「神」となっている。三〇一年に完遂された神武東征で中心的役割を果たしたと思われる事代主神はその後どうなったのであろうか。

崇神天皇（彦火火出見尊）は、東征後の大和統治において、岳父事代主神の存在に大いに期待していたと思われる。

筆者は、東征軍は象徴として天孫の彦火火出見尊を立てていたが、実質は事代主神が仕立て上げた吉備の勢力だったのではないかと考えている。彦火火出見尊が日向から大軍勢を率いてきたとはどうしても思えないのである。

だから、強力な後ろ盾としての軍事力に期待するのはもちろんだが、もうひとつは大和の豪族・民にとって、饒速日命《にぎはやひのみこと》への国譲り以前のいわゆる「大王」が戻ってくるという意味においてである。事代主神の持つ幅広い人脈や威光を借りれば、新生ヤマト王権の権威を円滑に広めることができる。

しかし、事代主神はかなりの高齢であり、日向・吉備連合軍に随行したかどうかも不明である。そして、遅くとも初代天皇即位後、数年のうちに薨去《こうきょ》したことになる。あるいはこの流行病で命を落としたのかもしれない。

少し話は逸れるが、この疫病は初代天皇が日向から大和へ持ち込んだ可能性も考えられる。

二〇二〇年初頭から全世界に猛威をふるった新型コロナウイルスは、人々が免疫を持たない感染症の恐ろしさを広く思い知らせることとなった。同様のことが四世紀初頭の大和でも起こったのではないか。

崇神天皇五年といえば、初代天皇が大和の域内に支配権を固めている最中である。神武東征以前、大和と日向に密接な交流はなかったであろうから、日向族と畿内にいた人々の接触は史上初めてのものであったといってよい。

つまり、初代天皇とともに大和に入った日向族の誰かが、九州中南部の風土病などを持ち込み、免疫のなかった人々の間で一気に感染爆発したのではないかと思うのである。その証拠に、初代天皇周辺に大きな被害が及んだという記事はなく、感染を窺《うかが》わせるのは皇女の渟名城入姫命《ぬなきいりびめのみこと》ただひとりなのである。

話を戻すと、残念ながら初代天皇紀（崇神天皇紀）に事代主神の生きた痕跡は記されていない。

初代天皇の期待を裏切り、強大な王権を確立する途半ばで事代主神は亡くなったようだ。そして、仕方なく事代主神抜きで奮闘する初代天皇を、病の流行と民衆の離反が襲う。

そこで、初代天皇は疫病や国内の乱れを収めるために、亡くなった事代主神に神性を与え、その大きな存在感に頼ったのではないかと推測できる。

感染症が宿主のすべてを殺してしまわない限り、必ず人間とウイルスは折り合いをつけ爆発的な流行は終息する。四世紀初頭の流行も二年で収まった。それとともに、平静を取り戻した民衆の心も天皇のもとに戻ってきただろう。

それらは事代主神の「神」としての霊験とされたに違いない。

崇神天皇七年（三〇九年）。この時点で事代主神は現実の人間ではなくなり、本当の意味での「神」となった。以来、三輪山に座し、最も古い信仰の中心として、人々の心に生き続けているのである。

四道将軍は吉備へ派遣されたのか？

前項で見た疫病と百姓の離反が収まった数年後の崇神天皇一〇年（「原日本紀年表」〔三七頁〕で三二一年）、『日本書紀』は有名な四道将軍派遣の記事を載せる。

大和の支配が一段落したのであろうか。周辺諸国へ四人の将軍を送り、天皇の権威を行き渡らせようとされるのである。

大彦命《おおびこのみこと》が北陸に、武渟名川別《たけぬなかわわけ》が東海《うみつみち》に、吉備津彦《きびつひこ》が西道《にしのみち》に、丹波道主命《たにわのみちぬしのみこと》が丹波に遣わされる。

非常な困難が予想される大役だが、四道将軍らはわずか半年後には、地方を平らげ復命したとされている。

なぜこれほど短期間で実現できたのであろうか。

これは、以前、大己貴神《おおあなむちのかみ》・事代主神が「大王」であった時代に治めていた地域へ、新生ヤマト王権の権威を知らしめに行ったのだと考えれば理解できる。決して、それまで何の交流もなかった国にゼロから服属を強いに行ったわけではないのである。

「先年、饒速日命の王権を倒して、初代天皇を大王とする新たな『ヤマト王権』が出来たが、お前たちは傘下に入るか否か。なお、この新王権は以前の大王、事代主神とともにある王権である」と伝え、合意を取りつけたというのが真相ではないだろうか。

ただし、東海については、以前にどこまで東方に支配地域が広がっていて、このときどこまで行ったのか、筆者に明確なイメージがあるわけではない。しかし、『古事記』が語るように相津《あいづ》（福島県会津市）まで行ったというようなことはなく、せいぜい伊勢、志摩から海を渡った尾張、三河辺りまでだったのではないかと思っている。

また、吉備津彦の派遣された西道はおそらく瀬戸内海沿いの地域だと思われるが、具体的な地名は記されない。だが、東征の経緯を見ると少なくとも吉備に行く必要はなかったはずである。吉備は、この時点で初代天皇とともにヤマト王権の中枢を担っているのだからである。

そういう意味では、『古事記』の記述は興味深い。

『古事記』は三人の将軍しか記さず、大毗古命《おおびこのみこと》を越《こし》（北陸）の道へ、建沼河別命《たけぬなかわわけのみこと》を東方十二道（東海）へ、日子坐王《ひこいますのみこ》を丹波国に派遣するが、西道へは誰も派遣していないのである。

そして不思議なことに、吉備の平定については、欠史八代のひとり、第七代孝霊天皇記に語られている。天皇の皇子である大吉備津日子命《おおきびつひこのみこと》と若建吉備津日子命《わかたけきびつひこのみこと》のふたりが、播磨国《はりまのくに》で祭祀《さいし》を行い、そこを吉備国への道の入口として吉備国を平定したというのである。

すなわち、『古事記』では崇神天皇が地方へ将軍を送る前に、吉備はヤマト王権下にあったということなのである。

基本的に本書は『日本書紀』の本文から真実を読み解くという立場なので、『古事記』に根拠を求めることはしたくない。だがこの記述を見れば、少なくとも『日本書紀』のいう「西道」は安芸あるいは四国の阿波・讃岐・伊予などであって、そのなかに吉備は入っていないと考えてよいのではないかと思う。

そして、第三章で饒速日命から逃れた事代主神の行き先として吉備を想定したが、これらの記述もそれを示唆しているのではないかと考えている。

さらに、四道将軍が出雲へ行ったという記述もない。事代主神の吉備勢力はもとをたどれば素戔嗚尊《すさのおのみこと》の出雲勢力なのであるから、これも当然であろう。事代主神が吉備にいる間にも、出雲とは秘密裏に関係が続いていたのかもしれない。

倭迹迹日百襲姫命と箸墓古墳

本書では、『日本書紀』の天照大神を「魏志倭人伝」が記す卑弥呼であると結論付けた。

ところが、『日本書紀』にはもうひとり、卑弥呼の候補としてよく名の挙がる皇女がいる。倭迹迹日百襲姫命《やまとととひももそひめのみこと》である。崇神天皇紀では初代天皇（崇神天皇）の姑《おば》とされる。ただし、『日本書紀』本文では崇神天皇の祖父である第八代孝元天皇《こうげんてんのう》の姉妹とされているので、そうであれば「大おば」ということになる。

ところが、父である第九代開化天皇《かいかてんのう》の妹に倭迹迹姫命《やまとととひめのみこと》という皇女がいて、崇神天皇紀でもこの名に略記されている箇所がある。この皇女が倭迹迹日百襲姫命のことであるなら「おば（叔母）」で正しいということになる。欠史八代の系譜は創作だと考えているが、それが原因で記述が混乱しているのだろうか。

筆者は、系譜は創作だが、倭迹迹日百襲姫命は実在したと考えている。そこで、初代天皇との続柄はともかく、大物主神《おおものぬしのかみ》（事代主神）との結婚が記されることと、図表24を突き合わせて考えると、倭迹迹日百襲姫命は初代天皇より一世代さかのぼらない程度の年齢だったと思われる。

その倭迹迹日百襲姫命と大物主神（事代主神）の結婚が語られるのは、四道将軍の派遣の最中、崇神天皇一〇年条である。

これはどうにも不思議な記事である。崇神一〇年といえば、大物主神（事代主神）はとうにこの世を去り、名実ともに「神」となられたあとなのである。

その内容は次のようなものだ。

倭迹迹日百襲姫命は大物主神（以下、事代主神）と結婚するが、夫は昼間は来ず、夜だけ来る。そこで倭迹迹姫命（筆者註：原文でこのように略記されている）は、「あなたはいつも昼はいらっしゃらないので、ご尊顔を拝することできません。どうか朝まで留まって麗しいお姿を見せてください」と頼む。

事代主神は答えて、「よくわかった。私は明日の朝あなたの櫛箱《くしばこ》に入っていよう。どうか私の形に驚かないように」という。

翌朝、倭迹迹姫命が櫛箱を開けると、美しい小蛇が入っていた。そして、それを見た姫は驚いて叫んでしまう。

すると、事代主神は恥じて、人の形となって、「あなたは我慢できずに、私に恥をかかせた。今度はあなたに恥をかかせよう」という。そして、大空を踏んで御諸山《みもろやま》（三輪山）に登られた。

倭迹迹姫命はそれを仰ぎ見て、悔いて、どすんと座った。その弾みに箸《はし》で陰部を突いて死んでしまう。

姫は大市《おおち》に葬られ、時の人はその墓を箸墓《はしはか》と名付ける。

この墓は昼は人が造り、夜は神が造った。大坂山の石を、人民が数珠つなぎとなって、墓まで手渡しで運んで造った。

では、この結婚が史実だとすれば、どう考えればよいだろう。

まず大前提は、事代主神が人として生きていた時代の物語だろうということである。そして、舞台は奈良盆地内である。また、倭迹迹日百襲姫命もその名前から大和の人であったと思われる。

前章までに見た事代主神の人生と照らし合わせると、父・大己貴神《おおあなむちのかみ》とともに出雲から大和に至る葦原中国を治めていた時代の出来事だと推定できる。二六〇年代半ばに起きる饒速日命《にぎはやひのみこと》への国譲りの直前であろう。

ここからは筆者の想像になるが、大己貴神は、子の事代主神を三島溝橛耳神《みしまみぞくいみみのかみ》の娘や陶《すえ》津《つ》耳《みみ》の娘とめあわせて姻戚関係を広げたが、最初に結婚させたのは倭迹迹日百襲姫命だったのではないだろうか。倭迹迹日百襲姫命は大和の有力豪族の娘で、当然、スムーズな統治のための政略結婚であっただろう。

その倭迹迹日百襲姫命が突然亡くなった。記された死因から考えられるのは、子宮がんなど女性特有の病気である。

この薨去は、のちの世でいうと皇太子妃が亡くなったに等しい。墓は人を総動員して築造されたのだろう。昼夜を問わず工事は続き、昼間は人民が、夜間は神すわなち大己貴神・事代主神の出雲勢力が動員されたのかもしれない。

そして、箸墓は完成した。

そのような過去の出来事を、なぜか崇神天皇一〇年（「原日本紀年表」で三一二年）条に書き記しているのである。

その理由を推断することはできないが、神武東征以前の神代の時代に、いわゆる「大和神話」というものを語る箇所が設けられなかったというのもひとつの原因といえよう。

しかし、この原ヤマト王権のプリンス、事代主神とプリンセス、倭迹迹日百襲姫命の悲劇は、どうしても語り継がねばならないものとしてその挿入個所を模索された結果、ここに帰結したのであろう。

ともかく、以上のように考えると、倭迹迹日百襲姫命の卑弥呼説はありえない。時間的にも、空間的にも接点がひとつもないのである。倭迹迹日百襲姫命は、事代主神が大和で最初に結婚した相手だったということでよいのではないだろうか。

しかし、『日本書紀』の記述から筆者が類推できるのはここまでである。倭迹迹日百襲姫命の墓が造られたのは間違いないだろう。おそらく西暦でいうと二六〇年代だろう。だが、そのときに築造された墓が、現在の箸墓古墳なのかどうかはわからない。

最近は卑弥呼の墓として報道されることの多い箸墓古墳であるが、前方後円墳の完成形として纒向《まきむく》の地に突如出現したとされている。前方後円墳の最盛期、四世紀後葉から五世紀にかけて築造された百舌鳥《もず》・古市《ふるいち》古墳群の巨大前方後円墳でさえ三段築成が標準だが、箸墓古墳は四段あるいは五段築成である。じつに謎の多い古墳なのである。

加えて残念なことに、築造年代がまだ確定されていない。研究者によって、三世紀半ばから四世紀半ばまで語られる年代に大きな幅がある。

被葬者の候補としては、倭迹迹日百襲姫命も当然そのひとりであるが、大己貴神、初代饒速日命、事代主神などの名前も浮かぶ。しかし、築造年代が不明な現時点で絞り込むことは非常にむずかしいのである。

事代主神はすべてを知っていた

本書では、筆者が『日本書紀』神代の巻を読み、描けた神々の系譜から何が見えてくるかを考えてみた。当然のことながら、多くの異論はあるだろうと思うが、筆者のなかでは邪馬台国からヤマト王権への流れが明確に理解できたつもりでいる。

それを導いてくれたのは、言葉を掌る神である事代主神であった。

『日本書紀』編纂者たちは、事代主神に、その含みのある神名とともに神代の真実復元の鍵を託してくれていた。

そして、復元できた歴史からは多くのことが見えてきた。

大和域内に限ってみれば、二二〇、三〇年頃から二六〇年代半ばまでは出雲王権時代、そこから三〇〇年直前までが饒速日命王権時代、その後が初期ヤマト王権となる。初期ヤマト王権は、日向・吉備（・出雲）連合王権時代といってよいかもしれない。

そして、ヤマト王権は邪馬台国とつながっていた。『日本書紀』神代の物語のなかに、女王国は「高天原」として、卑弥呼は「天照大神」として登場していた。

しかし、邪馬台国の東遷などという濃厚なつながりがあったわけではない。

瓊瓊杵尊《ににぎのみこと》を介しての血統的なつながりにとどまり、ヤマト王権が邪馬台国内から生まれたわけでも、邪馬台国のコントロール下で生まれたわけでもなかった。

邪馬台国とヤマト王権のつながりを大きな研究テーマとして、ここまできた。ある意味では結論が出せたが、ある意味では出せなかった。

結局、卑弥呼没後、壹与《いよ》を立てた邪馬台国（女王国）のその後の行方は不明のままである。もし、饒速日命が大和を支配していた時代に、饒速日命が出身国の邪馬台国（女王国）と密接なつながりを保持していたとすれば、どこかに当時の記録が伝わっていたかもしれない。しかし、『日本書紀』には、実質的に降伏した饒速日命勢力の記録は記されなかった。ただ物部氏の遠祖と記されるのみである。残念ながら、それが現実なのである。

おわりに

初代天皇即位以前、『日本書紀』神代の時代、大和をめぐる争いが繰り返された。それほど「大和」は魅力的な地であったのだろう。改めてそう思った。そして、最終的には日向・吉備の連合勢力がヤマト王権を打ち立てる。

我ながら派手な展開になってしまったと思っている。だが、これが真実であってもおかしくないという確信めいたものも芽生えている。

そして同時に思うのは、『日本書紀』における吉備の存在の薄さである。

東征において、初代天皇は吉備で陣容を整えた。そうであれば、東征軍の主力は事代主神の軍勢、吉備の兵士たちだったと思われる。当然、船や武器も吉備製だっただろう。

さらに、初期ヤマト王権においても、神となって貢献した事代主神を筆頭に王権の中心勢力として多くの実在の人物たちが活躍したと想像できる。吉備にはもっと注目される資格があるはずだ。

『日本書紀』は男系の天皇を語り継ぐので仕方ないかもしれないが、初代皇后の血統として、ヤマト王権の誕生と伸張に重要な役割を果たした出雲と吉備、とくに吉備に関する記述があまりに少ないのである。

それはなぜか。なぜ吉備の功績は正しく書かれなかったのだろうか。ひとつには、ヤマト王権誕生から『日本書紀』成立までの約四〇〇年間に、吉備を取り巻く状況が大きく変化したことが挙げられるだろう。

『日本書紀』のその後の記述を読むと、五世紀半ばあたりまでは吉備の勢力が強大であったように思われる。五世紀初頭の応神天皇《おうじんてんのう》の治世がピークであろうか。応神天皇の妃である兄媛《えひめ》の兄、御友別《みともわけ》がいた時代である。巨大前方後円墳の造山古墳《つくりやまこふん》がこの頃に築造される。この古墳は、大きさで全国第四位とされるが、完成時は全国最大もしくは第二位（上石津ミサンザイ古墳との先後関係が不明のため）の規模だったことがわかっている。

しかし、その後次第に勢力は弱まり、五世紀後半の雄略天皇の治世には中央との関係もぎくしゃくしたものとなっている。そして、雄略天皇崩御直後に起きた星川皇子《ほしかわのみこ》の反乱の失敗とともに没落していったようにみえる。『日本書紀』編纂期には、律令制下で

「中央」から分割統治される「地方」となっている。

　そういう経緯もあり、吉備は意図的に天孫族・日向の栄光の陰に隠されてしまったと考えられる。まさに「歴史から消し去られた吉備」といえよう。

　筆者のいまの気持ちとしては、吉備の復権を望みたいが、それを文献に求めるのは難しい。『日本書紀』のほかに信頼できる文献がないし、『日本書紀』にしても七世紀末から八世紀初頭の政治状況のなかで編み上げられたものだからである。

　また、今回、『日本書紀』を読み解いてさかのぼれたのは、せいぜい三世紀初頭までであった。『日本書紀』は紀元前の出来事まで書き記しているという研究者もいるが、筆者の検証ではせいぜいここまでであり、それがひとつの結論といえる。つまり、三世紀以降が原史時代、歴史時代であり、それ以前は先史時代ということになる。

　先史時代はもちろんだが、原史時代でも文献による仮説の検証は最終的に考古学の役割となる。吉備の復権だけでなく、文献からは解明できない数々の課題、例えば箸墓古墳や纒向《まきむく》遺跡《いせき》、大和《おおやまと》・柳本《やなぎもと》古《こ》墳群《ふんぐん》などの築造年代や変遷については、考古学に頼らざるを得ないのだろう。

今後さらなる科学的年代測定法の進歩と、新たなる発掘成果の発表を待ちたいと思う。

また、近年ではＤＮＡ分析の技術が進歩して、日本人がいつ頃どこから列島にやってきたのかが解明されつつある。弥生時代から古墳時代にかけての人々の動きなども、そのうち辿れるようになるのではないだろうか。

考古学やゲノム解析の新たな成果が、本書の仮説を裏付けるようなものならこのうえない喜びだが、それを否定するような成果であっても素直に受け入れたい。それは、また一歩歴史の真実に近づくことを意味するからである。

●**参考文献**

坂本太郎・家永三郎・井上光貞・大野晋校注『日本書紀（全五巻）』岩波文庫1994
宇治谷孟著『日本書紀（上・下）全現代語訳』講談社学術文庫1988
宇治谷孟著『続日本紀（上）全現代語訳』講談社学術文庫1992
中村啓信訳注『新版古事記』角川ソフィア文庫2009
石原道博編訳『新訂魏志倭人伝他三篇』岩波文庫1951
今鷹真・小南一郎訳『正史三国志4』ちくま学芸文庫1993
笠井倭人著『古代の日朝関係と日本書紀』吉川弘文館2000
国立国会図書館デジタルコレクション『延喜式　第2』日本古典全集刊行会1929
島根県立古代出雲歴史博物館編集『弥生王墓誕生』ハーベスト出版2007

日本書紀「神代」の真実
邪馬台国からヤマト王権への系譜

著者　伊藤雅文

2020年11月5日　初版発行
2020年12月5日　2版発行

伊藤雅文（いとう・まさふみ）
昭和34（1959）年、兵庫県揖保郡（現たつの市）生まれ。広島大学文学部史学科西洋史学専攻卒業。歴史研究家。日本書紀研究会会員。全国邪馬台国連絡協議会会員。邪馬台国の会会員。平成26（2014）年8月、『陳寿の記した道里～邪馬台国への方程式を解く～』（ブックウェイ）を発刊。平成27年11月、季刊邪馬台国の論文募集において「伊都国記述に関する新解釈」で敢闘賞受賞。著書に『邪馬台国は熊本にあった！』、『ヤマト王権のはじまり』（共に扶桑社新書）がある。

発行者　佐藤俊彦
発行所　株式会社ワニ・プラス
〒150-8482
東京都渋谷区恵比寿4-4-9　えびす大黒ビル7F
電話　03-5449-2171（編集）
発売元　株式会社ワニブックス
〒150-8482
東京都渋谷区恵比寿4-4-9　えびす大黒ビル
電話　03-5449-2711（代表）
装丁　橘田浩志（アティック）
柏原宗績
DTP　株式会社ビュロー平林
印刷・製本所　大日本印刷株式会社

ISBN 978-4-8470-6172-1
ワニブックスHP　https://www.wani.co.jp